白化文 著

[白化文文集]

古代汉语常识二十讲

中国书籍出版社
China Book Press

图书在版编目（CIP）数据

古代汉语常识二十讲 / 白化文著. —北京：中国书籍出版社，2016.7
ISBN 978-7-5068-5699-7

Ⅰ.①古… Ⅱ.①白… Ⅲ.①古汉语—基本知识Ⅳ.①H109.2

中国版本图书馆CIP数据核字（2016）第170134号

古代汉语常识二十讲

白化文 著

图书策划	武 斌　崔付建
责任编辑	成晓春
责任印制	孙马飞　马 芝
出版发行	中国书籍出版社
地　　址	北京市丰台区三路居路97号（邮编：100073）
电　　话	（010）52257143（总编室）（010）52257140（发行部）
电子邮箱	eo@chinabp.com.cn
经　　销	全国新华书店
印　　刷	三河市华东印刷有限公司
开　　本	880毫米×1230毫米　1/32
字　　数	220千字
印　　张	9.5
版　　次	2016年10月第1版　2021年1月第2次印刷
书　　号	ISBN 978-7-5068-5699-7
定　　价	62.00元

版权所有　翻印必究

总　序

化文学长与我是同学挚友，我们有共同的爱好，都对古典文学有一点偏爱。不过他的学问广泛，知识渊博，这是我们班同学都公认的。当他七十寿辰时，我给他写了一副贺联：

五一级盍簪相契，善学善谋，更喜交游随处乐；
七十翁伏案弥勤，多能多寿，定看著作与年增。

这里我说的，真是实话。他的"善学"和"多能"，是我最佩服而学不到的。据他片断的自述，我们可以了解到，他少年时就偏爱文科，读书很广，从不死抱着课本不放，而是大量地读课外书。虽然偏废理科，但对于海军史和舰艇知识，却非常熟悉，谈起来如数家珍。上大学时，他不仅认真听本班本系的课，还曾旁听过高班和外系的课。他1950年就上了北大，所以曾有机会听过俞平伯、罗常培、唐兰、王重民先生的课，比我们有幸多了。杜甫《戏为六绝句》之六说："转益多师是汝师。"他的确是做到了"转益多师"的，因此有多方面的资源和传承，成为一个多面手。

他的"善学"，首先是尊师重道。一向对老师尊敬尽礼，谒见老师，总是九十度鞠躬，侍立倾听。直到现在，他讲演、发言时，提到老师的名字一定从座位上肃然起立表示敬意。他写文章时总是先举老师的字再注名，以字行的当然在外。这些礼节已是今人所不懂的了。事无巨细，他总是竭诚为老师服务，真是做到了"有事弟子服其劳"。在他将近知命之年，拜我们编辑行的前辈周绍良先生为师，成了超龄的"在职研究生"。他在人前人后、口头书面，总自称为门生，极为恭敬，比青年人虚心得多。

他的"善学"，体现于学而能思和思而能学。孔子说："学而不思则罔，思而不学则殆。"（《论语·为政》）化文学长是身体力行的。他在上大学之后，总结了自己的学习经验，得出自觉颇为得力见效的四条"秘诀"。

第一条是：

> 除了入门外语等课以外，大学的课程均应以自学为主。多读课外书，特别是指定参考书和相关书籍，学会使用最方便使用的大图书馆，学会使用各有各的用处的各种工具书，一生得益。

这是最重要的一条经验。我愿意把它推荐给广大青年同学，不过万一遇上了要求背笔记的老师，可能考试得不到高分，那就不要太在意，争取在别的地方得分吧。

第四条也很重要：

> 老师的著作要浏览，有的要细读。对老师的学术历史要心中有数。这样，一方面能知道应该跟老师学什么，甚至于知道应该怎样学；另一方面，也借此尽可能地了解在老师面前应该避忌什么与提起什么。

这一条是准备进一步向老师学习真髓的方法。每个老师都有独特的长处和学术道路。你想要多学一些课堂之外的东西，就得先做功课，细读老师的主要著作，才能体会出课堂上所讲的那些结论是怎么来的，才能明白老师所讲的要点在哪里。化文学长在四条"秘诀"的其余两条里就讲了要注意讲义之外的"神哨"和听课时要多听少记，都是这个思路。读者有兴趣的话，可以去找他的《对一次考试答案的忏悔》《定位、从师、交流、考察》两文一读。

他的"善学"，还在于随遇而安，就地取材，见缝插针，照样能左右逢源，有所建树。化文学长前半生道路坎坷，屡遇困境，但他能边干边学，学一样像一样。徐枢学长分配到电力学校教课，心里郁郁不乐，先师浦江清先生开导他说，"你可以研究电嘛"。当时引为笑谈，化文学长却从中得到了启发，他说："老师有深意存焉：到什么山上唱什么歌。只要抓住'研究'不放就行。因而我此后每到新岗位，一定服从工作需要，在工作中不废研究，多少干出些名堂来。"（《浦江清先生二题》）他也的确干出了许多"名堂"。有一段时间，他以业余时间帮《文物》杂志编辑部看稿，看了不少发掘报告，从而也学了文物考古的知识，这对后来他研究佛寺和佛教文物很有裨益。同时也因看稿而向王重民先生请教古籍版本方面的问题，得到了许多课外的真传。

他的"多能"，就因为他"善学"。大学毕业离校之后，他不仅继续向本系的老师请益，而且还陆续向外系的老师求教，如历史系的周一良先生，哲学系的任继愈先生，东语系的季羡林先生，都得到不少教益。他在师从周绍良先生之后，虚心学习敦煌学和佛教文献学，再和他本职工作相结合，创立了佛教和敦煌文献的目录学，成为一门新的学科。

我们只要看看化文学长这一批著作的书目，涉及好几门学科，就可以知道他的"多能"，正是他"善学"的结果。希望青年一代的读者，能从这些书里学习他"善学"的精神和方法，倒不一定要学那些具体内容。因为人各有志，条件各不相同，所遇的老师又各有所长。就如白先生自称"受益于周燕孙（祖谟）先生最深"，他也深知周先生的特长是音韵、训诂，但他不想学语言文字学，就如实地回答了周先生的探询。他最受益的是周先生给他讲的工具书使用法，而学到的还有周先生礼貌待人、踏实治学的作风，应该说是更重要的。

孔子自谦说："吾少也贱，故多能鄙事。"化文学长少年时并不"贱"，从小在慈母沈伯母的精心培养下，决心要上北大文科。终于在北大中文系前后读了五年，在北大图书馆泡了六十多年，造就了一位"多能雅事"的传统文化学家，应了浦江清、朱自清两位先生在他幼年时说的预言。沈伯母在天之灵，我想应该含笑点头了吧。

中国书籍出版社要出白化文学长的十本文集，汇为一辑，委托我写一篇序。我与他幸为知交，不能推辞，写一点感想，作为书前的题记而已。

程毅中
2016年8月

目 录

第一讲 绪 言 *001*

第二讲 汉字常识与纠正错别字 *005*

第三讲 工具书的使用 *027*

第四讲 古代汉语的实词 *039*

第五讲 古代汉语的指示代词 *054*

第六讲 古代汉语的人称代词 *073*

第七讲 古代汉语的数词、量词和方位词 *085*

第八讲 古代汉语的副词 *095*

第九讲 古代汉语的介词和连词 *112*

第十讲 古代汉语的语气与语气词 *127*

第十一讲 古代汉语的词类活用 *144*

第十二讲 古代汉语的疑问句与疑问词 *161*

第十三讲 古代汉语的否定句与否定词 *178*

第十四讲 古代汉语的判断句和被动句 193

第十五讲 古代汉语的省略句 203

第十六讲 古代汉语的修辞 218

第十七讲 古代汉语的翻译 233

第十八讲 古代的文体 240

第十九讲 诗　律 251

第二十讲 词　律 272

附录：

　原书序 281

　原书后记 284

《白化文文集》编辑附记 285

第一讲 绪 言

一、古代汉语、文言文、古文

古代汉语是相对于现代汉语而言的。它们之间的大致分界线是在五四运动前后。"五四"以前，用汉字写成的书面材料，若从语言角度去研究，大致都可归入古代汉语的范畴。就是到了"五四"以后，一直到现在，也还有人用古代汉语写作呢。那些，也得算现代人写的古代汉语。

我们研究现代汉语，除了看书面材料，还可以在活的语言环境里学习，像听录音，看电视和电影，看话剧，听相声，进行语言调查，都可以成为研究现代汉语的手段。可是研究古代汉语，就只能仰仗书面材料了。好在用古代汉语写成的书面材料异常丰富，包括许多不同时代、不同风格和不同体裁的文章。在时代上，从甲骨文字到现在有三千多年；在风格上，有极其典雅奥僻的，也有非常浅近通俗的；在体裁上，有散文、韵文、骈文，真是五花八门。由于延续的时间长，材料又多，所以研究古代汉语的人又常把它划分成几个阶段：上古汉语、中古汉语、近代汉语。

上古汉语研究的对象，一般是指先秦两汉的书面材料，像先秦诸子、《左传》和《战国策》等史传文字，还有以《史记》等为代表的西汉书面语，都在它的研究范围之内。

这一阶段的特点是，书面语大致和口语相合。至于更早的甲骨文字和钟鼎文字，则常常纳入考古学的范畴内去研究了。

中古汉语大致包括魏晋南北朝隋唐时代的书面材料。这个时期，语言在向前发展，有的书面语，像《世说新语》等就多少反映了这种发展，唐代的诗、词、变文、话本，和口语的关系就更为密切。可也有一些作者刻意模仿先秦两汉的书面语，而且把上古汉语即先秦两汉的书面语和自己模仿的文章都叫作古文。唐代的"古文运动"，从语言学的角度看，就是这样一个学习上古书面语的运动。古文这个词的内涵就是这样。

近代汉语指的是宋元以下的汉语，这时期的书面材料，有一大部分是用古文写的，可也有许多通俗的小说之类是根据当时的口语写成的，这种口语已经和现代汉语很接近了。五四运动时期，现代汉语的书面语被称为"白话文"，后来的语言研究者就把和白话文接近的宋元以来通俗的语体文字也叫"古白话"。与之相对的叫"文言文"。文言文的成分很复杂。现代一般研究者认为，古文可以算是正统的文言文，因为：一、用它写成的书面材料最多；二、它本身发展变化不大，在语法、虚词和实词词汇等方面都有极大的稳定性。它是由于种种特殊条件而形成的，越来越脱离口语的一种特殊的然而是习用的书面语。这种书面语甚至影响了别的民族，在一定的历史时期内，也成为日本、朝鲜、越南等国家的书面语。对这种正统文言文的势力，语言研究者是决不能低估的。所以，在一般性的研究古代汉语时，总是把研究正统文言文作为重点。

除了这种正统文言文之外,有比它更古奥、更富有方言色彩的甲骨文、金文和《尚书》里的文章;还有比它后起的辞赋、骈文之类,这些文体离后来的口语更远,文人的雕琢也更厉害些。另一方面还有通俗文言,如一部分书信、官文书、笔记小说、翻译文章之类,它们或多或少地汲取了口语成分。这些也都可以大致地归入"文言文"的范畴。这种非正统的文言文在古代汉语书面材料中所占的比重不太大。前面讲到的古白话被封建统治阶级认为是不登大雅之堂的东西,一般只在戏曲小说中使用,留下来的材料也不太多,它们都是专门研究的对象,所以,古代汉语虽然包含正统文言、非正统文言、古白话这三方面的内容,可是一般研究的重点只是正统文言文,我们所讲的内容也以这方面为限。

综合以上所讲的,可以列为一个简表:

$$
汉语\begin{cases}古代汉语\begin{cases}上古汉语\text{────}正统文言(古文)\\中古汉语\text{════}多样化的非古文的文言\\近代汉语\text{────}古白话\end{cases}\Big\}文言文\\现代汉语\end{cases}
$$

这个表里的实线,表示书面语大体上反映了当时的口语;虚线表示后来的作家模仿古代的书面语。

二、为什么要学习文言文

古代汉语,特别是文言文,是我国古代常用的一种书面语。要深刻地了解祖国的历史，欣赏古代的文学作品，要批判地继承我国丰富的文化遗产，不懂文言文是很困难的，甚至是不可能的。同时，文言文中还有很多有生命力的东西，我们可以学习吸收，用来提高我们的表达能力和修辞技巧。

三、怎样学习文言文

至少要从两方面下工夫。一方面要多读、熟读，这样才能熟悉和积累古人的语言材料。另一方面要学习各种规律，这样才能系统地正确地理解古人的语言材料。不掌握语言材料而大谈规律，则规律无处生根落脚；不掌握规律，只凭多读熟读，水平也难以提高。多读熟读得到的偏于感性认识，掌握规律则可以说是理性认识。这两者是互相促进的。

我们更要用历史的辩证的方法去学习。语言是在不断变化的，它随着社会的变化而变化；语言是在不断发展的，它总是向更精密更合理的方向发展。现代汉语对古代汉语有发展有继承，总的说来，它优于高于古代汉语，比古代汉语更为精确、丰富。而古代汉语本身，又在漫长的历史时期中不断地完善，不断地弃旧用新，因此，学习古代汉语切戒崇古和泥古不化，不可执着，对任何问题、任何规律都不要看死。

第二讲　汉字常识与纠正错别字

在语文学习的过程中,正确地认识和使用汉字是一个重点,是一项基本功。书面语言的最小单位是字。所以,学习书面语言,必须首先掌握汉字。

怎样才算掌握汉字呢?

从一个个的汉字来说,每个汉字都有它的特定的形体、固定的读音、一定的意义和用法。掌握一个汉字的形、音、义,了解它的用法,会使用这个汉字,这就可算是学会了这个字了。

从掌握汉字的数量来说,为了能够阅读一般书刊和进行写作,大概需要掌握三千个上下的常用字。

学习汉字,最基本的方法还是要一个一个地去掌握它。但是,从另一方面说,若能懂得一些有关汉字的知识,也能帮助我们多快好省地学习。

下面,我们简单地介绍一些有关汉字的常识,同时谈一谈怎样纠正错别字。

一、汉字的性质和特点

汉族的语言叫汉语,汉族人自己创造的用来记录汉语的符号就是汉字。

汉语、汉字这两个名称是解放后才逐步通行起来的。它以民族观念为基础，合乎语言文字的实际。

通过和其他民族的文字进行比较研究，可以明显地看出汉字有其独特的性质和鲜明的特点。

汉字通行地区广，使用人数多，这是汉字的一个重要特点。以汉语为"母语"的人大约有十亿，除了极少数文盲外，都是使用汉字的。此外，即使把曾经用过汉字的朝鲜和越南除去不算，我们还可把现在还在使用一部分汉字的日本计算在内。日本有一亿多人口，把它加进来，世界上汉字的使用人数当在十几亿人以上。大致地说，世界上每十个人中有三个是使用汉字的，比任何其他文字的直接使用人数要大得多，拿英语来说，据说真正掌握"英文"的人（拿它作第一文字的人）超不过四亿。西班牙文呢，超不过两三亿，别种文字都在这两种以下。汉字的通行面比它们都大得多了。

汉字通行时期最久，从现在已知的甲骨文算起，已历经三千多年，现在还在使用。它是世界上现用文字中历史最悠久的。这是汉字的又一个重要特点。

汉字属表意文字系统（对表音文字而言），一字一音，字形为方块，大小一律。这是汉字性质上和形体上的重要特点。

由于汉字是表意文字，在一定程度上音形义可以分离。所以，虽然几千年来汉字形体比较固定，变化缓慢，而口语变化则较快，可是汉字依然能为各个不同时代的口语服务，甚至能为不同语系的异民族语言（如日语）服务。这是汉字的又一重要特点。

由于汉字是表意文字，由图形发展而来，构成一种线条图形形状的文字。线条图形本身的结构能表现出一种构图美。我们的祖先很早就注意到这种美，并把它发展成一种独特的艺术。所以，汉字除了能够记录语言之外，若写得好，它本身还能成为一种艺术品，古今中外有艺术眼光的人都能欣赏它。这种书法艺术也是汉字的重要特点。

以上特点表明，汉字是一种独特的自成体系的文字。

二、汉字的构造

汉字是由一笔一画构成的方块字。汉字的笔画只有几种，但字数却有几万个，这几万个汉字是怎样由有限的几种笔画搭配造成的呢？这就要谈到汉字的造字方法问题。

东汉的许慎总结了小篆的规律，写成了我国第一部字典——《说文解字》。在《说文解字叙》里面，他把古代的造字方法归纳成六类，叫做"六书"，即指事、象形、形声、会意、转注、假借。许慎归纳"六书"，主要依据当时的小篆，不一定完全适合古代的情况，但是后来的人还没有比他分析归纳得更好的，所以现在讲造字方法，一般都以许氏说为依据。

为了理解汉字的造字方法，有助于成年人学习，我们根据许氏对六书的解释，把汉字的构造和学习时应注意的事项说明一下。

（一）象形

象形字就是依照实在的、具体的事物，勾勒出它们的样子来。例如，画一个☉，代表太阳，画一个☽，代表月亮，这就是象形字。在这里，我们一定要注意两点。

1. 写象形字，在于记录概念，不必非要像图画那样惟妙惟肖。即使是古代的象形字，也仅是略具轮廓而已。

2. 在我们现在通用的楷书里，写法是一笔一画，方方正正的，象形字早都变了形。因此，我们要了解"象形"，就必须了解它是根据古字来的，就要推求字源。

在汉字学习中，可以应用到有关象形字的不少知识：

1. 从汉字的结构方式来看，可以区分成单体字和合成字两类。单体字是从造字时形成的，不能再拆开的字。合成字则是由两个以上的单体字或单体字的变形合成的。像日、月都是单体字，明、曙、朝等都是合成字。大部分单体字是合成字的基础，所以又叫单体基础字。大部分象形字是构成单体基础字的重要成分。写错字，常常只错其中的一笔一画，这就说明对那一部分没掌握住。汉字虽多，是合成字多，单体基础字并不多。《说文解字》全书收九千三百五十三个字，象形字只有三百六十四个，还不到百分之四。掌握住单体基础字，了解它为什么这样写，为什么分这么几笔，再写合成字就不容易错了，这是从字形方面看。再则，合成字和单体基础字在读音和意义上往往是有联系的。掌握了单体基础字，对掌握合成字的音、义帮助很大。所以在学习汉字时，首先应把单体基础字学好。

2. 根据以上所说的道理，可以先作某些单体基础字的比较分析，然后推及合成字。

（二）指事

象形字只能根据具体事物来造，对抽象的概念就无法"象形"了。给抽象事物造字就要用"指事"的方法：用一个符号来作标志，这个标志要标在明显醒目的地方，叫人一看就看见，看见以后再想想这个标志放在这里表示什么意思，这种造字方法叫"指事"，造出来的字就是指事字。这种方法，现在马路、铁路、工地上的某些路标和指示牌等还在使用，只不过所造的只是一种标志，不是字了。试举两个例子：⸚（上）与⸛（下）。当中一横代表一条标准线，线上加一个着重点表示上，线下加一个着重点表示下。所以我们说：指事字记录的多半是表示抽象概念的词，画不出来，所以只好用符号来表示。

有许多指事字是在象形字的基础上发展起来的。如：刃，从刀，刀是象形字，刀上加一点，表示刃。爪字从人手，上加点，表示手爪。

在汉字学习中，如何活用有关指事字的知识呢？

1. 为了加深对字形、字义的理解，应该了解某些指事字的本义。如旦字，下面一横表示地平线，太阳刚出地平线是早晨，就是"旦"。再如"本"字，在木字下加一横，表示栽在地下面的是植物的根本；"末"字是在木字上加一大横，表示植物枝叶的末端。

2. 为了有效地纠正错别字，应该了解某些指事字的字源。指事字是合成字的一个组成部分时，多作声符（什么叫声符，下面讲形声字时要讲到），因为它原是表抽象意思的，不太能表示某类某属的具体类别。如上面讲到的爪，古人作叉，因此蚤、搔、骚等都从爪声。有些人不知道这道理，对叉的两点儿不会安排，写成叉或多加一点成叉，全错了。简化字干脆将错就错。又如卂，是飞字的省文，把飞字中表示鸟羽的部分减去，翅膀拉长，翅膀上又点上一个加重点，表示鸟类疾飞不见羽毛只见翅膀不断闪动的形状，因此带卂的字，如迅、讯、汛等都从卂声，若把其中的卂写成凡就错了。

（三）会意

象形字和指事字都是一个字一个字地造，这就是"单体字"，造起来很慢，赶不上需要，而且也不容易造。所以又发展到用两个以上的单体字联合起来造成一个新字的办法。使用这个办法，只用有限的几百个单体基础字，就能造出许许多多的新字来。我们管这些新字叫"合成字"。首先造出的合成字是"会意字"。

把两个以上的单体基础字联合起来，让人们从它们联合起来所能表示的意思里悟出这个合成字所表示的概念，这就是会意。例如：人言为信，表示人说话就要有信用。

在汉字学习中，如何活用有关会意字的知识呢？

1. 为了加深记忆，应该着重理解某些会意字合成的道理。简单的如日月为明，亡（亡无古代通假）目为盲，双木为林（有人说是象形）。还有，像劣是少力，即力气弱小。伐是人拿着武器（戈），戍是人扛着武器（戈），一表征伐，一表卫戍。尖是一头小一头大。卡是不上不下。忐忑是心里上上下下。再如复杂一点的，如"即"字，左边像食器，右边是个人面对食器正往前凑，故有"往前、将要"等义。而"既"字则正相反，左为食器，右为人背对食器，故有"已经（办完事）"之义。"臽"字上面是个人，下面是陷阶，像人掉进陷阱之形。"舀"字，上面是人手，下面是器皿状，像以手掏取之意。这些在现代的楷体字中已经看不大清楚了。许多人现在"既、即"不分，其实，若懂了会意本义，就不会再混用了。再如"小土为尘"之类，以及后来造的字（所谓"俗字"）有不正为歪，不用为甭，不好为孬，双手分物曰掰等。还有简化汉字中的目中出水为泪，二人为从，三人为众等。这些简单的只要一提，大家就会明白。

2. 可以先分析字形，然后再对类似的字进行比较，尤其是偏旁部首的比较。如祭字，上方左为肉月，右为人手，下方是示。"示"字本义是古代祭神的坛。以手执肉献于神前，便是祭。拿来和双手持豆（豆，古代食器与祭器）的"登"字一比，就可看出它们上半部的不同。这样分析比较以后，就不容易搞错了。

象形、指事、会意都是表意字。象形、指事都是单体字。会意是合成字，从前二者派生出来，可补前两种造字法之不足。可是这三种造字法的共同缺陷是：只能一个个地造，不能一系列地造；而且，造不出来的时候也很多。会意字的出现，就是为补前二者之不足，可是会意会不出来的时候也很多。生产逐渐发展，人类对客观事物的认识也逐步细致与深入，逐渐认识得更正确，这就要求迅速地表达出许多新的概念，造出许多新字。如"木"，古人造出来作为一切树木的通称，随着认识的深入，要求分辨出不同的树木，如杨、梅、槐、柳等。只应用上述三种造字法就不容易对付，一个个地造也来不及。因此产生了形声字。

形声字也是一种合成字，但它突破了单纯表意字的范畴，以形体中的一部分标音。这样，它开了汉字的新纪元，为汉字的大量创造准备了条件。

（四）形声

形声字是另一种合成字，它由两部分合成。它以形体中的一部分表示意思，我们可以管它叫"意符"或"形符"或"形旁"；它又以形体中的另外一部分表示声音，我们可以管它叫"声符"或"声旁"。一形一声，两部分合在一起，就成了一个形声字。例如：洋、清、炬、抖。

形声字的出现是一大进步，这样就能无限制地造字，记录事物就更细致，几乎任何事物都能表示出来。因为它以记录声音为主，如树木之属，应用形声字的道理便可以造出柳、梅、杨、槐等许多字来，所以形声字特别多。一部《说文解字》九千三百五十三个字，形声字占了七千六百九十七个字，在百分之八十以上。这种造字法用得很广泛，今天还在应用。如现在为化学元素造的字：氢、氧、钙等，都是从这个方法造的，这些可算是新形声字了。

但是我们要注意，古今字音演变较快，因此有许多古代造的形声字，现在的声旁读音和这个形声字的读音有了距离。如"江"字，本从"工"得声，这是因为"工"字古音gāng，"江"字古音也读gāng。现在工读gōng，江读jiāng，距离就远了。只有水缸的"缸"字还读gāng，保存着古音。因此，形声字流传到现在，大部分都成为不能准确表声的形声字了。

在汉字学习中，怎样活用有关形声字的知识呢？

1. 必须首先学会确定形声字的形符和声符。确定了这两部分，才能进一步用好形声字。首先要学会确定形旁，因为部首多是根据形旁建立的，形旁表示这个字的本质属性。如炮、泡声符都是包，必须从形旁辨别，才知道一个是火炮，一个是水泡。有一个简便的办法可以辨别形旁和声旁，这就是我们刚讲过的，部首多是根据形旁建立的，所以也可从已有的部首知识来倒推。

形声字形旁声旁部位变化很多，但也有其一定的规律，它们可归纳为下面几类：

① 左形右声：江、河。

② 左声右形：功、期。

③ 上形下声：草、管。

④ 上声下形：想、裳。

⑤ 外形内声：固、裹。

⑥ 内形外声：闻、问。

⑦当中形两边声：辨。

⑧形符退居一边，声符占全字形体之大半：居、病。

还有，如"颖"字，从"禾"，"顷"声。形符只占四分之一的地位。

此外，还有些字，因为汉字形体变化，在楷书里很难判别出哪是形符、哪是声符了。如"年"字，从"禾"，"千"声。在楷书里是无论如何也看不出来了。

在这里要注意的是：必须了解，形声字的形旁和声旁的部位配置一般是固定的，如果乱换地方，这个字就变成不规范的字，甚至变成另一个字了。例如：啼、啻、叨、召、忙、忘、怡、怠、裸、裹、部、陪、愉、愈、吟、含、晾、景。只有个别的形声字形旁声旁的部位可以变动，如够、夠、峰、峯等即是，但其中一种是"正体"。

2. 掌握了形声字的构造后，就可通过相近的形旁声旁的比较来纠正错别字了。因为，造成许多字的笔误，都是由于对相近的形旁声旁认识不清的缘故。

现在举例如下：

①因声旁相似而可能致误之字

{ 易　踢锡惕剔
  昜　杨扬汤肠

{ 臽　陷焰馅阁
  舀　滔蹈韬稻

{ 段　缎锻煅
  叚　假暇瑕霞

$\begin{cases}卬 & 仰迎昂\\卯 & 聊柳昴\end{cases}$

$\begin{cases}專 & 傳轉摶磚\\尃 & 傅博搏\end{cases}$

$\begin{cases}凡 & 帆汎\\卂 & 迅汛讯\end{cases}$

$\begin{cases}氏 & 纸\\氐 & 底低抵柢\end{cases}$

②因形旁相似而可能致误之字

$\begin{cases}米 & 梁粲粟\\木 & 梁桀栗\end{cases}$

$\begin{cases}瓜 & 瓣\\爪 & 爬\end{cases}$

$\begin{cases}竹 & 簿籍篮\\艹 & 薄藉蓝\end{cases}$

$\begin{cases}示 & 神祝祖祷\\衣 & 被袖衫袄\end{cases}$

$\begin{cases}心 & 慕恭\\水 & 泰\end{cases}$

3. 另外还有因为偏旁和另一些字相近而致误的。这类和上述的性质差不多，不过"一边倒"，不像上面那样容易互误。这类字也要认清楚。如：

卻（却）→郤　丐→丏

宦→宧　　　　捐→损

密→蜜　　　　肆→肆

这些都可以通过拆开来分析字的形音义来讲清楚。

4. 还可通过形声字和会意字中形近字的比较来说明问题。如"鸣"是会意字，从鸟口，鸟口出声曰鸣；"呜"是形声字，从口，乌声。"炙"是会意字，从肉，在火上，是炮炙的意思，即现在的烤肉；"灸"是形声字，从火，久声。

到这里，我们可以把造字法归纳成下面的一个简表：

$$\text{造字法}\begin{cases}\text{单体字}\begin{cases}\text{象形}\\\text{指事}\end{cases}\\\text{合成字}\begin{cases}\text{会意}\\\text{形声}\end{cases}\end{cases}$$

这样造出来的的字，每个字都只代表一个意思。可是，事物是无穷无尽的，人类对事物的认识也是愈来愈多愈细。如果给每个事物都造一个字，那么字就太多了，人们光认字，花上一生的时间也认不完，太不经济了。要解决这个矛盾，就想出叫一个字担负两个以上任务的方法来。这样，就能够以有限的几千个基本字来担负起表达许许多多概念的任务来。叫一个字担负兼职的方法有两个，一个是转注，一个是假借。

（五）转注

转注就是我们现在所说的形近、音近、义近的三近字。这样的字是怎样造成的呢？

互相转注的字，大都本出一源，后来意义引申，成为一词多义，再从多义中孳生出新字来。如"北"字，古文作"北"，像二人意见相北（背），背对背赌气的样子。后因其有相背之义，便引申出南北的北、北（背）后的北（背）、败北的北等词义，这些意义都是引申义，而"意见相北"的"北"才是本义。后来指方向的"北"独占优势，本义和其他引申义湮没不彰。作"背后"解的"北"，后来索性加了肉月而独立成"背"。可是"北""背"终是形近、音近，而且意近，它们可以互相转注。

（六）假借

假借就是不造新字，让现成的字来兼任两个以上的任务。这就形成了现在所说的一字多义。这个办法好，能减少字数。

例如：令、长二字。"令"字的本义是发令，有人管发布命令，我们就以令称之，如县令、司令。这一点，类似现在的词类活用。

"长"本义是"长短"的长。有人的地位比一般人高，长出那么一块。如家里的"一家之主"，就仿佛比家里别的人长出来一块似的，我们就管他叫"家长"。为区别于长短的长，变个音，念zhang。其他如县长、校长等，依此类推。一字有多义，但字形未变，难于分辨，故用音变来补救。

虚字不能代表什么确定的实物和概念，它们只在语言中起着起承转合等等作用。因此，造虚字不容易，只好用同音实字假借代替。如"而"字，原来是象形字，像人须，后来假借为"然而"的"而",它的本义现在已经很少人知道了。又如"亦"字,原来是指事字,古文作"亦"像人张两臂,臂下各点一着重点,表示胳肢窝。它被虚字"亦"(相当于现代汉语中的"也")借去,久借不还,后来干脆自己造一个形声字"腋"来代用了。再如,"其"字本是簸箕的象形,后来被指示代词"其"借用,久而久之,也是鹊巢鸠占,后来自己造出形声字"箕"来代用。还有"然"字,本是燃烧之然,下面四点已经是火。可是被"然否"之"然"同音借用,只好自己在旁边再加一把火,变成"燃"字了。

古人写字,常用同音字假借,人名地名等更是如此。如战国时"田""陈"音近,古书中就常让姓"田"的姓了"陈",这相当于现在的写白字。愈古的书愈如此,唐宋以后好了很多,但有许多古代通行的白字仍旧保留了下来,而且沿用。

古人写白字是有原因的,第一,那时没有刻板书,一切依靠手写。听一次讲演,各人依自己的方音记录,常用同音字代替。我们读古书,常见一个人名写法有多种而读音类似的情况,就是如此。第二,这部分白字已经固定下来,"约定俗成"了,大家承认它。今天的情况就不同了,我们有很好的印刷条件,大家都能读到同一用字的书。新的白字社会上也不承认。因此,错别字要纠正。

三、汉字形体的演变

从上面讲的可知，古代写的字形体与现在的很不相同。现在我们通用的楷书，是经过多次字体演变的结果。根据现在我们能见到的材料，从古到今的字体主要有以下几种：

（一）甲骨文——是商朝人刻在龟甲和兽骨上的文字，约距今3100~3500年。

（二）钟鼎文——又名金文，一般指周朝人铸或刻在铜器上的文字，约距今2500~3000年。

（三）篆书——甲骨文和钟鼎文里，一个字常常有几种写法；春秋战国时代，各国用的字写法也不一致。秦朝统一中国以后，把字体整理一下，规定了一种统一的写法，并把写法简化了。这种字体就是篆书，约距今2200年。

（四）隶书——篆书虽比以前的字体简化，但写起来还是很费事。接着在民间又产生了一种新字体，叫作隶书。隶书在汉朝初年就通行了。隶书的形状同现在用的字体已经很接近了。

（五）楷书——到了汉朝末年，约距今1800年左右，又出现了一种新字体，叫作楷书。以后这种字体就在社会上通行，直到现在。

楷书的简化体还有行书和草书。

我们学汉字，主要是学楷书。

规规矩矩的楷书是一笔一画写出来的，由，落笔到抬笔，叫作"一笔"或"一画"，总称"笔画"。笔画是汉字的基本结构形体。有人把笔画分成七种："丶""一""丿""丿""乀""乁""乚"。有人分得更多，有分到二十多种的。笔顺是书写时笔画的先后顺序。顺序也有大致的规定：先上后下，先左后右，先外后内，先横后竖，先撇后捺，先进人后关门。

书写汉字时要注意：第一，笔画要写端正，一定要横平竖直。第二，笔顺要正确。这两点都要从头做起，如果成了习惯，再"扳"过来就困难了。可是，如果有了毛病，再困难也得"扳"。第三，在书写清楚、正确、整齐的基础上再求美观。第四，有简化字的不应写繁体。

四、简化汉字

我们对简化汉字要积极推行。

这里只讲讲简化汉字与汉字学习的关系。

（一）①不要乱造简化字，而要积极消灭这种现象。要以"简化字表"为准。因为乱造乱用的简化字别人看不懂，害人害己。

②简化字的造法不外三种，第一种：简化笔画，如"僕"简化成"仆"；第二种：减少字数，如"係、繫"简化成"系"；第三种：采用行草体，如言字旁简化为"讠"。我们可以利用文字学的知识来分析简化字的构造。

下面把简化字分成八类分析如下:

(二)①形声字去形存音

表(錶)　　辟(闢)　蒙(濛矇懞)面(麵)
复(復複覆)　气(氣)　　卷(捲)　　里(裏)
制(製)　　　朱(硃)　　咸(鹹)　　向(嚮)

②形声字去声在形

么(麽)　　　际(際)

③形声字声旁简化

帮(幫)达(達)态(態)歼(殲)剧(劇)

④同音字兼代

卜(蔔)　台(臺颱枱)　斗(鬥)　后(後)
姜(薑)　借(藉)　　　几(幾)　了(瞭)

⑤会意字部分省去

扫　开　妇　虫

⑥部分简化为符号

办　对　权　协　罗

⑦另造简体会意字

体　帘　众　蚕　从

⑧草体楷化

齐　乔　举　尽　兴　头　为　应

(三)防止混淆

①不要乱"还原":在前述简化字造法中,提到第二种方法是"减少字数","也就是用一个字同时代替几个同音近义字,这是转注字的倒推。但要注意的是不可乱还原,因

为繁体字不止一个，还原时可能找错了家门。如用"复"字代復、複、覆，所以"複名数"简化为"复名数"；决不可乱还原，还原成"複名数"，那就错了。

②简体字中常用某已废古字代替另一个通用的现代繁体字，因此我们读古书时要注意。不要把那些当时未废尚在使用的字当成现代的简体字；当然，更不能把现用的某一简体字认为另一个古字。如"适"，古音kuò，如南宫适和洪适，他们名字中的"适"都读kuò，与现代简化字中"舒适""安适""适合"的"适"读shì不同。宋代还有个人叫"葉適"，若是简化成"叶适"，那个"适"字还念shì，不能还原成古字kuò。再如"仆（僕）人"的"仆"和"仆地"的"仆"，"什么（麼）"的"么"和"杨么（么二三的么）"的"么"，都不能彼此互代。它们虽然形体相同，但却是两个字，音和义都不同，至少是意义不同。严格地说，简化字只是从那个本字"假借"来的。

五、纠正错别字

文字是交流思想的工具。在日常生活中，我们希望能够看得懂别人写的东西，也希望别人看得懂自己所写的东西，谁都不愿意自己的意思被别人误解，更不愿意因误解而造成人力、物力的损失。

由于汉字难学、难认、难写、难记，在书写时常常免不了会出现一些错字和别字，不少人曾经因此而苦恼过。

其实错字和别字并不是不可纠正的。如果我们能够懂得一些汉字书写的基本知识，预见到学习汉字的困难，了解了错字和别字经常出现的规律，懂得一些纠正错字和别字的方法，那么，也就不难把错字和别字减少到最低限度，并且把汉字写得又快又好。

下面我们谈谈什么是错字、别字和怎样纠正。

（一）错字：本无其字，搞错字形。

每一个字，都是用一定的笔画按一定的形式组成的。每个字所采用的笔画，各个笔画的姿态、长短和它们在方格里所占的位置，笔画和笔画搭配而成的结构以及各个结构在字里所占的位置，都是有规定的。不合乎这个规定，就是错字。

例如："貌"字，应该是左边一个"豸"。（zhì没有脚的虫子），右边一个"皃"（mào 古貌字）。"豸"不能写成"豖"或"豕"，"皃"不能写成"兒"。如果写错了，就算是错字了。

经过归纳。错字一般可分为五种：

1. 局部写错："虐"写成"虐"、"淫"写成"滛"。
2. 偏旁混用："切"写成"切"（"切"是个形声字，从"刀""七"声，不从"土"）、"爬"写成"爬"（爬是从"爪"，"巴"声，不是从"瓜"，"瓜"是象形字"⚹"。"爬"与"瓜"没有关系）。
3. 移动位置："甜"写成"䤁"、"敬"写成"蔽"。

某些异体字不能算错字。如"够"写成"夠"、"群"

写成"羣"、"峰"写成"峯"。

古代典籍中的一些古写字（如"裹"写成"裠"）和书法家所写的某些字，都不应作错字论（如"桃"写成"㮈"）。

4. 增减笔画："步"写成"步"（"步"古写作"歨"，是两个"止"字合成的，表示两个脚印，下面不是"少"字，所以不应该加一点）、"武"写成"武"、"染"写成"染"、"茂"写成"茂"、"琴"写成"琴"。

5. 随意简化和乱造合成字："展"写成"屈"、"藏"写成"芷"、"问题"写成"冋"、"历史"写成"叓"、"资产阶级"写成"笒"、"无产阶级"写成"爰"、"帝国主义"写成"変"。

如果个人听报告、作记录，供日后翻阅，而不作为交际工具，那么，为了提高书写的速度，自造一些文字符号，应该说是可以的。

（二）别字：本有其字，"以甲代乙"。

把一句话或一个词当中的一个字，写作别的字了。这个字本身的字形笔画并没有错，可是把它放在这里却错了，有时意思不通，有时变成了另外一个意思。

别字往往是由于这样几种原因造成的：

1. 同音异义。艰苦写成坚苦（两者都有意义。前者是艰难困苦的意思；后者是坚强耐苦的意思，如坚苦卓绝）、包涵写成包含（前者作原谅解，本来的意思是像海一般的度量，所以用"涵"字；后者是里面包括着某种成分的意思。

该用包含的地方,用包涵还可以;应该用包涵的地方,用包含却不可)、休养写成修养、形式写成形势、自治写成自制。

2. 同音近义。贡献写成供献(贡有献、纳之意,例如贡献、进贡;供有供应、奉养之意,例如供养、供给)。浪费的费写成废、戴花的戴写成带。

3. 同音近形。一班写成一斑(班是单位名词,有时也作调回讲,例如班师。斑是点纹,如斑马、斑竹、斑斑。普通说"可见一斑"是仅能知道一点情况之意,有时表示不够全面,有时表示由此可以推知其他)、蔼写成霭(蔼主要有两种讲法:a.和气,如蔼然可亲;b.树木繁盛貌,如蔼蔼。霭当云气讲,如暮霭)。

4. 形体相似。丐写成丏(丏,避箭短墙)、瞻写成赡(赡,给,资助。如供给衣食叫赡养。赈济叫赡邺。瞻,往上看,如瞻仰。看看前头、看看后面叫瞻前顾后,是有所顾忌的意思)、睢写成睢、诉写成诉(古欣字)。

5. 音形义近。记录写成纪录(纪录,主要有两种讲法:a.犹记录,事实的记载,如会议记录;b.记载下来的最高成绩或已达到的水平,如创造新纪录、打破世界纪录),成绩写成成积。

纠正错别字的方法,一方面是掌握规律,知道为什么会错;另一方面,更重要的是多读,多写,加强基本功训练。千万不要将错就错。只要重视这件事,纠正错别字并不难。

这里顺便谈谈关于变更成语字眼的问题。随意变更成语字眼也是一种普遍的现象，是容易造成错别字的重要原因之一。例如短小精悍写成短小精干、仗义执言写成仗义直言、长江天堑写成长江天险，等等，看上去似乎也都可以说得通，不过既用成语，还是不去改字的好（有特别显著的理由必须修改的例外）。另外还有许多更典型的例子，因为不属于错别字的范围，所以不想重点地谈。像曾被鲁迅先生指出过的，大家不知为什么都把"每下愈况"说成了"每况愈下"，把"夜以继日"说成"日以继夜"，把"老羞成怒"写成"恼羞成怒"，把"根深柢固"写成"根深蒂固"，等等，仔细一推敲，当然有问题，可是这些变更，看上去也还讲得过去，而更重要的是已经将错就错地沿用得比较普遍了，实在很难说它就是错误。这些地方，倒是从俗的好。如果不是十分必要，不必固执什么"典故"或"出处"。不过在这个问题上，我们觉得最好还是尽可能地把成语的根源和本意弄清楚，就是对于那些已"习惯成自然"了的，至少也该知道一下它的本来面目，因为这样一则可以把成语运用得更精确，再则也可以防止常凭臆断以致用错了字，同时，更不至于遇到了完全对的反而觉得生疏，甚至反以为它是错的。

第三讲 工具书的使用

学习古代汉语的人，经常会碰到一些难懂的字、词、成语、典故，所以必须查阅工具书。因此，学会使用工具书是极其重要的。这一讲我们就介绍一下常用工具书的查检法和一些比较重要的工具书。

一、常用工具书的查检法

（一）音序法

音序法就是依据汉字字音排列汉字。现在通行的是按汉语拼音字母次序排列，汉语拼音中的26个字母，去掉"I""U""V"三个字母，分成23部，只要学会汉语拼音，就能很快查出所要查的字。

汉语拼音方案公布以前，也有的工具书采用音序排列法，但编排的依据和结果都和新编工具书不同。有的按注音字母"ㄅ""ㄆ""ㄇ""ㄈ"的顺序排列，有的按平上去入四声、106韵排列。

（二）部首法

部首即是根据汉字形体偏旁所分的门类。部首法就是把许多字的共同形体作为一部之首，然后把凡是带有这个部首的字按笔画多少为序排在一起，作为一部。例如，把

"言""论""讲""说"等放在一起,归于"言"部。

部首法在我国已有近两千年的历史。古今部首法变化很多,部首的分法也不一致。《说文解字》分540部,从古代的《康熙字典》到近现代的《辞源》《辞海》《中华大字典》全分为214部,《新华字典》分189部,新版《辞海》又分为250部。我们在查检时应注意这一情况。

(三)笔画法

笔画法就是按笔画的多少排列汉字。这是一种最稳妥的方法。它往往与部首法配合使用,如有些字典前面是部首索引,而后面的"检字法"就是采用笔画法编排的。但应注意,在旧的工具书中,有的字或字的偏旁,笔画数和现在通行的不一样。如:旧《辞海》中,"之"字为4笔,"辶"为5笔。

(四)号码法

通行的是四角号码检字法。汉字一般都是方形,有四个角。四角号码检字法把汉字的笔形分成十种,每一种用"0"到"9"十个号码来代表,然后按字的左上、右上、左下、右下四角的次序取号,把号码连接起来构成四角号码。为了方便记忆,有人把笔形与号码的关系编成口诀:横一垂二三点捺,叉四插五方块六,七角八八九是小,点下有横变零头。例如:

左上角 - - - - ↘   ↙ - - - - 右上角
              端
左下角 - - - - ↗   ↖ - - - - 右下角

左上角"点下有横变为0",右上角是"垂（｜）2",左下角"横（一）1",右下角也是"垂2",故端的号码为0212。用同样方法可知,"截"字应查4325,"辉"字号码为9725。

总之,工具书的查检方法有多种,但常用的就是上述4种,掌握了这4种方法,查一般的工具书也就够用了。

二、常用工具书介绍

我们把几部常用的工具书的特点简要地介绍一下。

（一）查检字音、字义的工具书

1.《新华字典》

这是一部目前最常见的小型字典。收单字11100左右,带注解的复词、词组3500左右。虽然它不是专门为学习古代汉语编写的,但也照顾到了古代汉语,故对学习古代汉语仍然有用。

它收入了一些古书中的常用字,例如：

畀bì：给与　　瘳chōu：病愈

在一些字的义项中收了一些古代的用法,例如：

走：⑥古代指跑。说：③yuè古代用作"悦"字。

当然,《新华字典》所收古字和古义毕竟有限,因此,我们有必要查阅其他的字典。

2.《同音字典》

也是一部小型字典,收字比《新华字典》略多,除常用字外，收了一些稍冷僻的古书用字、地名和人名用字。

3.《古汉语常用字字典》

这是一部为学习古代汉语的人专门编写的字典。收古汉语常用字3700多个，另附"难字表"作为补充，收难字2600余个，有注音。

这部收入古汉语常用字的字典有如下几个特点：首先义项按词义引申的远近排列；其次注意词义的辨析；再次是对词义历史发展中应注意的地方予以指明，这就对古代汉语初学者极为方便。例如：

> 臺、台　④星名，即三台（六颗星）。古代用"三台"比"三公"（古代最高的官位），因此旧时常用"台"来作为对别人的敬称。如兄台，台甫（向别人请问表字时的敬称）。［辨］臺、台本是两个字。"臺"是土筑的高坛，又表示古代官署名。如"楼臺""臺省"，古代不写作"楼台""台省"。台有两读，读yí（移）时有"我""何""愉快"等意义，读tái（台）时是星宿名，古代都不写作"臺"。

再如：

> 赤、朱、丹、绛、红，五个字都表示红色，按其由深及浅的不同程度排列，应是绛、朱、赤、丹、红。到后来"红"和"赤"没有区别。

4.《康熙字典》

成书于清代康熙五十五年（公元1716年），由于它是清朝"圣祖"皇帝下令编纂的，所以流传甚广。共收字47035个，一般字典上查不到的字，在此书中可以查到。

本书有几个特点：一是先注音后释义；二是注音先列反切，将《广韵》《集韵》《韵会》等韵书的音切一一列在下面，再加直音；三是解释字的本义，下面引《书经》《庄子》《荀子》等作为书证；四是如有考辨，则附于注末，加"按"字标明；五是古文（即古体）列于正体之后。例如：

筹［广韵］直由切［集韵］［韵会］陈留切［正韵］除留切并音俦筹算也［仪礼乡射礼］箭筹八十［注］筹算也又壶矢［礼投壶］筹室中五扶堂上七扶庭中九扶［注］筹矢也又筹策［史记高祖纪］运筹帷幄之中又［集韵］徒刀切音陶［扬子方言］戴也又叶音除［蔡洪围棋赋］摅妙思奋元筹饰服色玩骍驹

《康熙字典》错误很多，王引之作《字典考证》，指出错误达2588条之多，现通行本把《字典考证》附于书后，应参考。

（二）查检词语的工具书

1.《辞源》

有新、旧两种。旧《辞源》出版于1915年，解放后，《辞源》进行了修订，成为我国目前最大的一部古代汉语工具书。

本书收录古书中常用的语词、成语、典故、文物、典章制度。单字下用拼音、注音和反切三种方法注音，并注明声韵。释义简明确切，注意语词的来源和使用过程中的发展演变；多义词先注本义，再注引申义、假借义等，层次分明；引书注明书名、篇名、卷次。人们不熟悉的古籍，都注明了时代和作者，便于核对原书，在有关词目之末，略举参考书目，为进一步研究提供一些线索。

总之，这部工具书优点很多，是学习古代汉语必备的工具书。

2.《辞海》

也有新、旧之分。旧《辞海》1936年出版，比《辞源》晚20年，与《辞源》比较，更注重收社会科学与自然科学方面的百科条目。解放后《辞海》进行了修订，成为一部主要收百科条目的辞典。同时还另有一套按学科分编的分册，除语词分册外，还有哲学、经济、政治法律、历史、文学、语言文字等十九个分册，类似各学科的专科辞典。

《辞源》用繁体字，新《辞海》用简体字排印。

3.《诗词曲语词汇释》

近人张相著（初版于1953年）。主要研究唐宋元明诗词曲中的特殊语词。全书共释单字、词语537条，引证相当丰富，对阅读诗词曲有很高的参考价值。例如：

李商隐《夜雨寄北》

君问归期未有期，巴山夜雨涨秋池。

何当共剪西窗烛，却话巴山夜雨时。

"却"字很难懂，本书中注为：

却，犹返也。李白对酒忆贺监诗："金龟换酒处，却忆泪沾巾。"却忆，回忆也。张祜枫桥诗："长洲苑外草萧萧，却算游程岁月遥。"却算，回算也。

这样，"却话"也就明晓了。

（三）查检古汉语虚词的工具书

1.《助字辨略》

清代刘淇著，是专门研究古代汉语"虚字"的著作。收集先秦至元代的经书、诸子、史书、杂说、文字、诗词、小说中的"助字"（即虚词）476个，按上平、下平、上声、去声、入声分为5卷。

本书收词范围很广，引证材料丰富，对虚词的划分比较严格，讲解力求详尽。但由于草创，在体例方面不够统一完整，解词、引证也有缺欠之处。

2.《经传释词》

清人王引之著。是一部汇释虚词的词典。它研究的材料以"经传"为主，以子书和其他古籍为辅，东汉以后的一概不录。

本书收字167字，按唐释守温36个字母顺序排列，分为十卷，第一卷至第四卷为喉音，第五卷为牙音，第六卷为舌音，第七卷为半齿、半舌音，第八卷为齿头音，第九卷为正齿音，第十卷为唇音。

它的体例比较严密，引证博赡，解说详备，有不少好的见解。但本书收字较少，使用的语法术语和今天的术语不同，不易读懂。

3.《词诠》

近人杨树达著。共收虚词近500个，按注音字母音序编次，分十卷。解说虚词，首先注明词类，其次解说意义、用法。例如：

甚，表态副词，极也。臣之罪甚多矣！（《左传·昭公二十四年》）意气洋洋，甚自得也。（《史记·管晏传》）

本书的一个特点是注意汉字的通假，例如"即"的第六个义项是：承接连词。与"则"同，古即、则通用。

例如：⊙三十四十之间而无艺即无艺矣。五十而不以善闻，则无闻矣。（《大戴礼·曾子立事》）⊙与之地，即无地以给之。（《韩策》）⊙王能使臣无拜可矣，不即不见也（《秦策》）⊙公徐行即免死，疾行则及祸。（《史记·项羽本纪》）

古文献中多通假字，《词诠》重视了虚词中的通假字。

总的说，《词诠》比较适合初学古汉语的人使用，它既没有《经传释词》那种考据习气，又不像《助字辨略》那样驳杂。当然这部书也有缺点，有的地方分析过于琐细，概括性不强，而另一些地方常用无义来解释，等于没有解释。

（四）查检古代人名、地名的工具书

1.《中国人名大辞典》

臧励龢等编，商务印书馆编印。这是一部专门查检我国历史人名的工具书。这部书以"经书"中的重要人名和二十四史中有传的人名为主，参考其他著作出现的人名，共40000多人，既有经书、史传中的人物，也有工、商、医、卜、下层社会人物、僧释道徒有轶事流传者；对古代匈奴、渤海、回纥、南诏等诸族、诸地的知名人物，也酌加收录。收入年代从远古神话中的人名开始，直到清代末年的著名人物。

本书按姓氏笔画排列，同一姓氏的人又按名字的笔画排列。每条下注明朝代、籍贯、生平事迹。这对我们初步了解一个历史人物，确实很方便。

我国古代同姓名的人很多，不注意就会张冠李戴。唐司马贞《史记索隐》中就把孔子的弟子公孙龙和名学家公孙龙误为一人。《中国人名大辞典》注意到这一问题，在同姓名的人名之下分项介绍人物，避免产生这类错误。

本书后附有《四角号码索引》《姓氏考略》《异名表》。《异名表》列举一些古代重要人物常用的字、号和谥法等，注出原名，共5000多条。如"稼轩"条下注：

"（宋）辛弃疾"；"涑水先生"条下注："（宋）司马光"。

本书缺点在于没有标明生卒年，且对一些人物评价和我们今天是有差距的，这是读者应当注意的。

2.《中国古今地名大辞典》

专为查检地名编纂的一部工具书，共收古今地名约40000条。不仅名胜古迹、重城要塞、山川丘陵、江河湖泊大都收入，一些古籍中提到的村镇墟集也酌情采入。每一条地名都扼要指出它的地理位置和大致沿革，对我们阅读古书极有用处。例如：李白《下江陵》："朝辞白帝彩云间，千里江陵一日还。""白帝""江陵"在哪里，查阅本书就可以知道："白帝"即"白帝城"在今四川省奉节县，三国时刘备曾以此为防御吴的重地，后刘备征吴失败以后死于此，曾改名永安。"江陵"即春秋时楚国郢都旧地。汉朝置江陵县，唐朝改成江陵府。"江陵"是府治所在地。这样，我们就能更好的理解《下江陵》这首诗了。

古今地名变化很大，《中国古今地名大辞典》把地名古今的变化分项列举出来，这对我们很有帮助。例如"南京"条下就列出历代南京所指的变化：南京在唐代曾指四川成都，宋代指河南商丘，到明代才指现在的南京。

《中国古今地名大辞典》编成距现在已有几十年的历史了，辞典中的"今"和我们现在的"今"往往有很大的差别，所以我们最好把本书和现在出现的《中华人民共和国地图集》《中国历史地图集》等配合使用。

三、使用工具书应注意的问题

工具书是许多人都会查的，但是能够充分地有效地使用一部工具书，从中获得丰富知识的人却并不多。这是因为有些人利用工具书，查到自己需要了解的词就过去了，不愿仔细看解释，也不注意看前言、凡例，以为与己无关，无足轻重，所以，对问题的了解也就常常是粗枝大叶，囫囵吞枣。使用工具书应该注意哪些问题呢？

第一，工具书中，每个字或词项下都有详细解释，如一个字有几种读音，几种意义，能组合成什么词，这些词之间有什么关系，每个词都有什么意义和用法等，应该都搞清楚。查到一个字或一个词，要把对这个字或词的解释从头到尾看一遍，有一个明确、全面、系统的了解，然后再根据所读或所写的文章的上下文，从中选定。

第二，工具书前边大都有"前言""凡例"，交代这部书的性质、内容和使用方法，说明书中使用的各种符号的意思。使用任何一本工具书，都要把"前言""凡例"细心看一遍。例如《新华字典》的注文中常有㉠引、㉠喻、㉠转、〈方〉、〈古〉等各种符号，这些符号都是什么意思呢？编者在《凡例》中说明：㉠转表示由原义、故事、成语等转化而成的意义；㉠喻表示由比喻形成的意义；㉠引表示由原义引申出来的意义；〈方〉表示本字是方言地区用的字或者本义项所注的是方言地区的用法；〈古〉表示本字是古代用的字或者本义项所注的是古代的用法。了解这些。对准确地掌握字义是有帮助的。

第三，应该注意书后有无附录、补遗之类。如《新华字典》后面附有《汉语拼音方案》《常用标点符号用法简表》，新《辞海》后附《中国历史纪年表》《国际音标表》等。这些都是很有用的。

要想熟练地掌握工具书，主要还是靠在实践中反复地使用，认真地钻研。只要我们认真对待，也就一定能够更好地使用它们。

第四讲 古代汉语的实词

一、学习掌握实词的重要性

实词是能够单独充当句子成分，表示人或事物及其动作、变化、性状等概念的词。实词有名词、动词、形容词、数词、代词等。实词里的名词、动词、形容词，在整个词汇中占绝大部分。拿古汉语来说，一般所谓"虚词"或说"虚字"，只有四五百个。像《词诠》收虚字536个，《古书虚字集释》收559个。其中还包括若干代词、动词在内。常用的虚词呢，《开明文言读本导言》列举了近二百个。大致地说，掌握了二百个左右的常用虚词，这方面就算过关了。实词可是浩如烟海了。一部古汉语辞典里，除了为数不多的虚词，剩下的全是实词性质的东西了。读文言文，读古白话，拦路虎往往是实词。过去有些人学文言文只重视学虚词，那是不全面的。可是实词是那样的多，初学者怎样才能又多又快地掌握它们呢？下面从实用的角度，特别从翻译和理解的角度，谈一谈掌握实词的方法。

二、掌握实词的基本方法

我们可以大致地把实词归纳为几类，在理解、掌握、翻译的时候,采取"分类归队,区别对待"的办法。

第一类是古代现代通用的,是现代汉语中继承古代的一部分基本词汇。这些,我们早就学会了,也不用翻译。

举一部分例子如下:

手 肺 盐 牛 马 羊 鱼 猫 大 小
长 短 方 圆 轻 重 蝴蝶 蟋蟀 天文
地理 山水 聪明 凄凉 萧条 寂寞 制度

第二类是古代的单音词变为现代的双音词。大家应该注意一个重要的情况:古汉语中单音词较多,而现代汉语中双音词较多。这些双音词往往包含了古汉语中同义、近义的单音词。

古汉语单音词变为现代的双音词,主要有两种方式:

一种方式可以称为"附加法",就是在单音词前后加上词头词尾之类,例如:

鼻子 孙子 鸭子 桔子 带子 珠子 银子
猫儿 盆儿 口儿 根儿 绳儿 名儿 事儿
舌头 指头 拳头 石头 木头 前头 外头
老鼠 老虎 老鹰 老道
耳朵 眉毛 胸脯 肩膀 膝盖 翅膀 月亮
云彩 螺蛳 蝗虫 国家 窗户 睡觉 欺负
头发 嘴唇 巴掌 蚂蚁 螃蟹 虼蚤 兄弟

毛病　干净　热闹　讨厌　可怜　相信　呵欠

　　现代汉语中添上去的一个字，有些是本来没有意义的，如"巴掌"的"巴"；大多数是本来有它自己的意义，可是在这里不用那个意义，如"老鼠"的"老"，"相信"的"相"；至少是不增加那主要字的意义，如"头发"的"头"，"眉毛"的"毛"；甚至根本没有保留原本的意义，如"窗户"的"户"，"兄弟"的"兄"。

　　另一种方式可以称为"合成法"，是由两个古汉语中的近义单音词合成一个现代的双音词，包括单音词重叠在内。例如：

身体	头脑	皮肤	妇女	泥土	墙壁	技术
行为	思想	语言	树木	官长		
单独	美丽	恶劣	空虚	悲哀	骄傲	懒惰
危险	吉利	困难	俭省	孝顺		
追逐	更改	生产	制造	分析	觉悟	依赖
增加	考试	死亡	忍耐	观察		
伯伯	叔叔	舅舅	姑姑	轻轻	渐渐	足足

这类语词里有些也可以用在文言里边，至少是用在现代的通俗文言里边。

　　属于以上两种情况的语词，懂得了它们在现代汉语中的词义，也就完全或大致懂得了它们在古代汉语中的词义。

这类由古汉语单音词变为现代语双音词的现象，是比较普遍的。它为我们理解古汉语词义和翻译带来很大的方便。我们在阅读文言文遇到单音实词时，可以首先用这种方法来试试，看能不能解释、翻译。

第三类是古汉语中特有的实词。主要有两种情况：

一种情况是某些专门性词语，像名物典章制度、职官、地名、人名等。这类词语，有的不必翻译，知道它是什么就行了；有的需要初步了解其内涵，就可以借助于注解或工具书。如下列各句中加点的词：

①蔺相如者，赵人也。为赵宦者令缪贤舍人。（《史记·廉颇蔺相如列传》）

②于是秦王不怿，为一击缶。（同上）

③军中闻将军令，不闻天子之诏。（《史记·绛侯周勃世家》）

④卫国之法：窃驾君车者罪刖。（《韩非子·说难》）

⑤昭王薨，安釐王即位，封公子为信陵君。（《史记·信陵君列传》）

遇到这类词，如果不了解，可以查工具书。这是读文言文的一件无法避免的麻烦事，但是查后误解的可能性不大。如上举各例，例①中"舍人"条，查《辞海》："始见《周礼·地官》。战国及汉初王公贵官都有舍人。《汉书·高帝纪》颜师古注：'舍人，亲近左右之通称也。'"例②中

"缶"条,《辞海》解为:"瓦质的打击乐器。"例③中"诏"条,《辞海》解为:"皇帝颁发的命令文告。"例④中"刖"条,《辞海》解为:"断足。古代的一种酷刑。"例⑤中"即位"条,《辞海》解为:"帝王登位。"这五条,一查《辞海》就都解决了。凡属于这类问题,一般文言文中常见的,《辞海》《辞源》等工具书差不多都能够为我们解决。

对这类词语,可以自然而然地积累起来认识。对某种专业文言文书籍看多了,再多翻阅些有关资料,勤查工具书,就能逐步掌握一批。

从翻译的角度看,还可以把这种专门性词语按四小类区别对待,分别按不同情况处理。

第一小类是某些具体的职官称谓、人名等,一般不要译,也无法(如人名)或很难确切(如职称)译出。遇到这种情况,照录原文便是。我们看下面一段文章:

> 右骁卫大将军长孙顺德受人馈绢。事觉,太宗曰:"顺德果能有益国家,朕与之共有府库耳,何止贪冒如是乎?"犹惜其有功,不之罪,但于殿庭赐绢数十匹。大理少卿胡演曰:"顺德枉法受财,罪不可赦,奈何复赐之绢?"上曰:"彼有人性,得绢之辱,甚于受刑。如不知愧,一禽兽耳,杀之何益?"
>
> (《资治通鉴·唐纪·贞观元年》)

在这一段里有"右骁卫大将军长孙顺德受人馈绢"这一句。其中,"右骁卫大将军"是官名;"长孙"是复姓,"顺德"是名,也就是说,此人姓名是"长孙顺德";"绢"是一种丝织品的专名。这三个专名词都不必译,也不能译。要译的只有"受人馈"三个词。用前面讲过的单音词变双声词"合成法"来译,就是"接受人家馈赠"。有人以为既要翻译,就非得译出个眉目来,于是译成"右骁卫大将军的大孙子顺德接受别人赠送的布匹"者有之,译成"当军长的右骁卫大将叫孙顺德的接受了别人赠送的绸子"者有之,这都是吃了太卖力气的亏。再如"大理少卿胡演曰"一句,"大理少卿"是官名,"胡演"是人的姓名,都不必译,只把"曰"译成"说"便可。有人硬译成"大大有理的青年官员胡乱演说",那可真有点"胡乱演说"了。在前举诸例中,如例①,其中"蔺相如""宦者令""缪贤""舍人"都不必译。其余各例中的专门性词语如"秦王""缶""将军""天子""卫国""昭王""安釐王""公子""信陵君"的处理方法均同此。

第二小类是古代社会中由于森严的等级制度、官僚制度、法律制度等造成的一系列专门术语。这些专门术语有其特殊涵义,理应译出。如前举例④中"刖"应译为"断足"或"砍掉脚";例⑤中"薨"义为"王一级的人死去(皇帝死叫"崩",大官死叫"卒",小官死叫"不禄",老百姓死才叫"死")",虽可译为"死",但最好想办法加注说明其专门性内涵,以表示理解深入;"即位"一词也是这等处理为好。再如下例：

> 视事三年，上书乞骸骨，征拜尚书。年六十二，永和四年卒。（《后汉书·张衡传》）

"视事"义为大官处理公务，小吏办公不能用这个词语，皇帝也不用。"上书"是向皇帝打报告。"乞骸骨"是大官向皇帝请求退休，小吏不能用这个词语。"征"是由地方往中央调动。"拜"是以皇帝名义亲自任命。"卒"如前所说指高级官僚死亡。这些词都得斟酌着译出。

有时，在缺乏资料（例如闭卷笔试时）的情况下，要是拿不准这类词语的涵义，在一段内仅有个别的这类词语（不是像前引《张衡传》中一句内集中好几个这类词语）的条件下，也可不译而用引号标出。但这种作法以少用为佳。

第三小类是一般性词语当专门性词语用。如前举《资治通鉴·唐纪》那一段中的"上曰"，"上"指皇帝。再如先秦时诸侯国的都城也叫"国"。所以《庄子·则阳》中说："旧国旧都，望之畅然。"《孟子·梁惠王下》中说："所谓故国者，非谓有乔木之谓也，有世臣之谓也。"其中"国"字都含有这种涵义。毛主席诗："三十一年还旧国"，"旧国"指古都北京正用此义。这类词语不多，要随时注意。在翻译时要准确译出其内涵。

第四小类是地名。中国古代的文章，写地名往往不附行政区划，如"郡""县"等名称，写水名也常不附

"江""河""湖""海"等。可是翻译时理应补出。这就造成了翻译的困难，得费点查考的工夫。好在有《古今地名大辞典》《辞海·历史地理分册》等可供翻检。有时，在缺乏资料又当时非译不可的情况下，也可用一种临时救急办法，试看下二例：

信安沧景之间多蚊虻。（《梦溪笔谈》）
浮于淮泗，达于河。（《水经注》）

"信安"是"信安军"（宋代一种军管区，相当一个到几个县），"沧"和"景"是两个县。"淮"是淮河，古代叫淮水；"泗"是泗水；"河"是黄河。按说都应补上专名译出。如果当时确定不了，变通的办法是：陆地则译为"这个地区""这一带地区"，水流则译为"这个水域""这一带水域"。如前二例，"信安沧景之间"（正确的标点法应是"信安、沧、景之间"）可将就着译为"信安沧景这一带地区之间"，"浮于淮泗"（正确的标点法应是"浮于淮、泗"）可译为"从淮泗一带水域乘船"。这个方法不足为训，仅供临场救急而已。

另一种情况是古今异辞而同义（或近义）。也就是说，文言文中还有不少词，所表示的意义现在还用得着，可是现在已经不再用原来的词，而用另外的词来表示了。例如下列各句中加点的词：

①坐须臾。沛公起如厕，因招樊哙出。（《史记·项羽本纪》）

②吾闻之：新沐者必弹冠，新浴者必振衣。（《史记·屈原列传》）

③生二人，公与之饩。（《勾践栖会稽》）

④故木受绳则直，金就砺则利。（《荀子·劝学》）

⑤锲而舍之，朽木不折；锲而不舍，金石可镂。（同上）

"须臾"，现代语说"一会儿"；"冠"，现代语说"帽子"；"饩"，现代语说"口粮"；"砺"，现代语说"磨刀石"；"锲"现代语说"刻"；"镂"，现代语说"雕刻通透"。这些词也要费我们一番查考的工夫，但也不容易引起错误理解。

总之，以上两种是现代语中已经基本上不存在的词。对我们来说，这些都是生词。多读一些文言文，加上学习一些历史知识，我们记得的这类词会逐渐多起来，再遇到不理解的，就得去查工具书。

第四类是古今词义有轻微差别的实词。

有些词在古汉语里常用，在现代语里也还用得着，可是意义和用法都有了变化。如果我们简单地照现代汉语的用法去理解，就会发生错误，把文句的意思理解错了。这是我们学习古代汉语需要特别注意的。请看下面各句中加点的词：

①牺牲玉帛,弗敢加也,必以信。(《左传·庄公十年》)
②冬日则饮汤,夏日则饮水。(《孟子·告子上》)
③因其富厚,交通王侯。(晁错:《论贵粟疏》)
④君子固穷,小人穷斯滥矣。(《论语·卫灵公》)
⑤周文败,走出关。(《史记·陈涉世家》)
⑥即驰三辈毕,而田忌一不胜而再胜,卒得王千金。(《史记·孙子吴起列传》)

在上面的句子里,"牺牲"指"祭神的牛、羊之类","汤"指"热水","交通"表示"联络","穷"表示"不得志","走"表示"逃跑","再"表示"两次",都与现代汉语的意义不同。

在文言文中遇到这样的词,很容易按现代汉语的意思去理解,而且按现代汉语的意思去理解,全句的意思又往往可以讲得通。例如第①句里的"牺牲",把现代汉语的意义放到那里好像也通。这种情形,特别需要我们警惕,千万不要以为讲得通就算对。为了强调说明这一点,我们不妨再举几个例子。"时不再来"这四个字,大家都认识,用现在的话解释,就是"时间不再来",好像不难懂。其实这样解释是不对的。"时"不是指"时间",而是指"时机"。"再"是两次。整句话的意思是"时机不会来两次"。又如《史记·万石君传》有"对案不食"的话,好像很好懂,就是"对着桌子吃不下饭"的意思。但是汉代没有桌子,古人是席地而坐的。"案"在这里不是桌子的意思,而是一种有四条短腿的放饭菜的托盘,放在茵席上吃饭用的。如果这里把"案"讲成桌子,虽然也能讲通,可是在别的地方就讲不通。语言是有社会性的,一个词在这里这样讲,能讲通,在别的句子里讲不通,那就有问题。比如"举案齐眉"这个成语,说的是梁鸿、孟光夫妻俩的故事。他们互敬互爱,孟光给丈夫送饭,把盛饭的托盘举得和眉毛一般齐。可见,准确地把握古代汉语和现代汉语之间的语词意义上的差别,是十分重要的。

此外,还有一些词语在古代用法特殊,如"奔走"常用其比喻义,涵义为"为了不正当的事或采用不正当的手段去走后门"。"寻常"也常用其比喻义,即今义"平常";但其本义"八尺为寻,四寻为常"仍存在。所以杜甫写诗用"酒债寻常行处有"与"人生七十古来稀"为对,寓意双关。这些词意特殊之处,也往往被忽视,而它们却往往是理解句义的关键所在。

下面举一些书刊里所见的译文中的问题来作说明:

文言文原文:

①薛谭学讴于秦青,未穷青之技,自谓尽之,遂辞归。秦青弗止,饯于郊衢,抚节悲歌,声振林木,响遏行云。薛谭乃谢求反,终身不敢言归。

②怀王使屈原造为宪令。屈平属草稿未定,上官大夫见而欲夺之,屈平不与。

③亲小人，远贤臣，此后汉所以倾颓也。先帝在时，每与臣论此事，未尝不叹息痛恨于桓、灵也。

④募有能捕之者，当其租入。永之人争奔走焉。

⑤永之氓咸善游。一日，水暴甚，有五六氓乘小船绝湘水，中济，船破，皆游。其一氓尽力而不能寻常。

所见语体文译文：

※①拍着板引吭高歌起来，声音振动了树林，天上的云彩都不动了。（A）

秦青打着拍板悲凉地歌唱，声音振动了树木，挡住了天上飘动的浮云。（B）

※②屈原拟出的草稿还没有定下来，上官大夫见了就要抢去看，屈原不给他。

※③没有一次不叹息和痛恨桓、灵二帝的。（A）

没有一次不对桓帝、灵帝的所作所为感到痛心遗憾。（B）

※④永州人都争先恐后地去捕蛇。

※⑤其中一个人尽力地游泳，可不像平日游得那样好。

例①中，"抚节"应是"抚摸着拍板"（含有"有拍板但本领高而不用"和"抚此教学工具而有所感"的双重意味）；"悲歌"是"慷慨激昂地歌唱"，毛主席词"国际悲歌歌一曲"即取此意；"响"是"回声"。AB两种译文在这三个词语上或译错，或未译，都没有过关。

例②中，关键性的词是"夺"和"与"。"夺"是"临大节而不夺"之"夺"，义近于现在的"作原则性的改变"；"与"是"同意、赞成、在一起"之意。这句话的意思是：上官大夫看见了草稿，要对草稿内容作原则性更改，可是屈原坚决不同意，不跟他合这个伙。

例③中，"痛恨"是"切身地感到遗憾""十分遗憾"之意。刘备以姓刘相号召，怎能恨自己的皇帝祖宗。古代的"恨"义为"遗憾"；"怨"才相当于现代的"恨"。如《汉书·朱买臣传》中"买臣深怨"一句，"深怨"才近于现代的痛恨。"痛"在古代则有"深切地、切身地感受"之义，特别在用作修饰语之时。

例④中的"奔走焉"是"奔走于是（"是"指代永州官府）"，乃是往永州衙门去走后门（讨捕蛇当其租入的差使）之意。例⑤中"不能寻常"是"游不了几尺远"之意。此二例中有关词语解释均见前。

从以上各例中可见，这第四类词语，初学古汉语的人特别需要注意掌握，它们是初学古汉语实词的难点和关键所在，一定要在这方面下些功夫。好在这方面常见常用的词语不多，阅读时注意积累就行。下面再举一些例子：

词语	古义	今义
数学	阴阳变化之学	算学
书记	图书	党组织负责人
口号	旧诗诗题	嘴里喊出来的标语
消息	生灭，盛衰	新闻，音讯
时髦	一时的英才	一时的风尚
兵	武器	战士
股	大腿	屁股（古代叫"臀"）
脚	小腿	脚丫子（古代叫"足"）
红	粉红色	大红色（古代叫"赤"或"朱"）
睡	打瞌睡	睡觉（古代叫"寐"）
眠	闭眼（不一定睡着）	睡眠
走	跑，奔跑	一步一步地行走（古代叫"步"）
涕	眼泪	鼻涕（古代叫"泗"）
信	使者	函件（古代叫"书"）
眼	眼珠子	整个眼睛（古代叫"目"）
厌	吃饱，满足	讨厌，厌烦
去	离开某地	往某地
讲	研究，商讨	讲话

最后要补充说明的是，对这类词语的词义变化要历史地发展地对待和掌握。如古代的树叫"木"；而"树"是动词，义为种植多年生木本植物；所以有"十年树木"的话。可唐代的"树"早已成为名词，与今义相同。"病树前头万木春"这句诗便兼用了"树"和"木"两词，实则同义。又如古代的"闻"是用耳朵听，现代的"闻"则是用鼻子嗅，可是唐代元稹的诗句"醉闻花气睡闻莺"则分用两义。诗中的"睡"字恐怕也不是"打瞌睡"，大概和今义"睡觉"、"睡眠中"差不多。像这些地方，一定要历史地辩证地看，不可拘泥。

第五讲 古代汉语的指示代词

从这一讲开始,我们讲古代汉语中的代词。

代词是代替名词、动词、形容词等实词的词。按照作用的不同,代词可以分为人称代词、指示代词、疑问代词三种。

和现代汉语比较,古代汉语代词有它的特点:

(一)各类代词数量都比现代汉语多。第一人称代词常用的就有"余""予""吾""我"(相当于现代汉语的"我""我们"),还有"台""卬""朕"等,总共十多个。经过淘汰,到了现代汉语中就只剩下一个"我"了。被淘汰的词往往成为我们学习古代汉语的重点和难点。

(二)多数代词既可表示单数,也可表示复数。也就是说,古代汉语代词单复数不分,没有现代汉语那样外加的明显标志,只能凭句义和上下文判断。可是,用现代汉语翻译又必须明确地表现出来,这是翻译方面的难点。

(三)现代汉语书面语人称代词有性别和人与物的区别,古代汉语则没有。这也是翻译方面的难点。

(四)很多代词又可以兼作别的词用。例如:"若",既是第二人称代词,又当"如果"讲,究竟在句中表示什么意思,有时要细看上下文才能区别。"若不胜我"这句话,现代人极可能把它翻译成"如果超不过我",实际上它的意思是"你超不过我"。这也是翻译上的难点。

（五）有的人称代词既可以表示人称，又可以表示领属。例如："尔"既可以表示"你""你们"，又可以表示"你的""你们的"。

（六）古代汉语人称和指代的界限有时不太明确。严格说起来，古代汉语是没有第三人称代词的。在现代汉语用到第三人称代词的地方，古代汉语用指示代词，这就造成了翻译和理解其精微之处的困难。

（七）古人常常让指示代词起某些特殊的语法作用，从而削弱了它原有的指代性质。这些，现代人难于理解，也是我们学习的难点。

（八）某些特别的代词，如不定代词"或"，无指代词"莫"，轻指代词"夫"，现代汉语没有这类词，而这类词本身又有一个历史发展的过程，要历史地辩证地去掌握它们，初学的人也会感到不好办。

上面讲的是古代汉语代词的主要特点，下面分类讲一讲常用的一些代词。

这一讲先谈指示代词。

古代汉语一般的指示代词可以分成近指、远指、轻指、旁指四类。此外，还有一些不属于以上四类的特殊的指示代词，像不定代词"或"，前置代词"所"，后置代词"者"，还有其作用相当于一个介宾词组的"焉"，作为合音词的"诸"。下面列表说明并分别叙述。

古代汉语常用指示代词表

	近 指			远 指		旁 指
古代汉语	是、此、斯、之	兹（特指）	然、尔	彼、其	夫（轻指）	他
现代汉语译解	这、这种、这个、这里		这样	那、哪里、那样、那个		别的、旁的

一、近指、远指和旁指

现在我们先看近指和远指，这是古汉语代词中最重要的两类。近和远一般指和说话人距离的近和远，这种近和远有时指实际上的近和远，有时指意念上、感情上的近和远。对于后者，在阅读文言文时要细心体会。下面分别加以说明。

（一）是

对这个词，必须历史地对待它，了解它的发展过程，才能真正地掌握它。在现代汉语中，它是唯一的系词，也就是说，从语法的角度看，它是个起联系作用的动词。它在判断句中联系逻辑上的主词和宾词，从逻辑的角度看，可以把它叫作判断词。例如：

小王是学生。

从语法上看，这句是判断句，"是"是系词。从逻辑上看，"小王"是主词，"学生"是宾词，"是"是判断词。这就是这个词在现代汉语中担负的任务。

可是在古代，特别在先秦，"是"是个典型的常用的近指代词。例如：

①终而复始,日月是也。(《孙子兵法·势》)——落下去又重新升起,太阳和月亮就是这样。

②是吾剑之所从坠。(《吕氏春秋·察今》)——这里(是)我的剑掉下去的地方。

③吾祖死于是,吾父死于是。(柳宗元:《捕蛇者说》)——我祖父死于这件事(指捕蛇),我父亲也死于这件事。

④是岁江南旱,衢州人食人。(《白氏长庆集·秦中吟十首·轻肥》)

就是到了汉代以后至现代,仿古的人写文言文还是把它作近指代词来用。上举四例中后两例就是这样。可是,大约从战国晚期开始,"是"字由近指开始向系词转化发展。我们看到的最早的例子,是马王堆三号汉墓出土的《占书》(它大概是战国晚期楚国人的作品)中的句子:

①是是帚彗。——这是扫帚状的彗星。
②是是竹彗。——这是竹子状的彗星。

这些句子里,头一个"是"还是近指,第二个"是"似乎是由重复复指向系词转化了。这种情况,到了汉代仍然继续发展,到了东汉,已经接近完成,它的标志是已经能前后联系两个名词了。

䚄（zōng）夷氏是其后也。（《论衡·龙虚》）——䚄夷氏是他的后代。

到了南北朝，"是"字作为系词已成定型，和现代没什么区别了。再举三例：

①不知木兰是女郎。（《木兰辞》）——不知道木兰原来还是个姑娘。

②两兔傍地走，安能辨我是雄雌？（同上）（雄雌）两只兔子一起贴着地面跑，怎能辨别出哪只是雄兔，哪只是雌兔？

③问今是何世。（陶潜：《桃花源记》）——（他们）问现在是什么朝代。

我们要注意的是，后人往往仿古，又不能完全脱离本身所处的语言环境。南北朝以后的作者有时拿"是"当指代用，有时又拿它当系词用，甚至在一篇文章里，两种用法同时出现，这就需要我们很好地去辨别了。

要注意作为指示代词的"是"在句中的两种特殊情况：

一种是在它单独作谓语用的时候，除了本身的指代作用外，好像又兼有些动词"点头称是"那样的意味。它的意思大致相当于现代的"这样对的""就是这样"。例如：

①"是鲁孔丘与?"曰:"是也。"(《论语·微子》)——"那个人是鲁国的孔丘吗?"回答:"就是这人(或:这种说法是对的)。"

②大节是也,小节是也,上君也。大节是也,小节一出焉,一入焉,中君也。大节非也,小节虽是也,吾无观其余矣。(《荀子·王制》)

例②我们没有译,例中那些"是"全是单独作谓语的,它的意思是"那些地方对",当然,可以译成"大节方面对(或:大节行,大节好)",但我们要理解,它的意思是"大节方面,那些地方都对"。我们还可以看到,"是"的反义词是"非"。"非"是副词,一般不能作为"是"的反义词,更不宜单独作谓语,然而它在这里单独作谓语了。我们认为,"非"是"非是"的简化,它的意思是"这样不对"。

也有"非是"正式出现的时候。我们认为,通常简化而在特殊情况下不简化,必定是为了强调,带严肃认真性质,它的意思应该是"肯定这样不对"。这种特例不多。

另一种情况是它处于和宾语有关的位置的时候。在某种特定情况下,它与宾语提前有关联。

汉语的正常句中语序是"主语——谓语——宾语"。在特殊情况下,宾语能提到谓语之前,这就是"宾语提前"。

在上古汉语中,"是"与宾语提前有密切关联。

有一类为强调宾语而提前的句子,在提前的宾语后面加

"是"复指。这个复指,看来兼有加强强调和给提前的宾语加个标志的作用。也有用"之"复指的,作用相同。例如:

①岂不谷是为?先君之好是继。(《左传·僖公四年》)
②将虢是灭,何爱于虞?(《左传·僖公五年》)
③姜氏何厌之有?(《左传·隐公元年》)

以上三句中,"不谷""先君之好""何厌"等是提前了的宾语。"是""之",复指。现代汉语无此句式,只能按正规句式译,译成"哪里为了我呢,是为了继续先君以来的友谊",等等。对那种强调的作用和语感,我们应该理解,可是译不出,直译译不出。理解和翻译常会不一致的。

这类句子还有个起特别强调作用的凝固形式"惟(唯)……是""惟(唯)……之……"。"惟"字前加特指,"是"字复指,前后反复强调。这种句子更难译,只可略存其语意语感罢了。

①率师以来,唯敌是求!(《左传·宣公十二年》)
②父母唯其疾之忧。(《论语·为政》)

前者可译成"就是为了找敌人(打仗)的",后者可译成"只为那(他的)病症担忧"。现代书面语成语中还有"唯利是图""唯你是问""唯命是听""唯力是视"等,就是这种语法的残留痕迹。

另有一类是"是"本身作为宾语而提前。这类句子中一般出现主语,而不像前一类常省略主语。

①寡人是问。(《左传·僖公四年》)
②寡人是征。(同上)
③小国是惧。(《左传·襄公二十八年》)

"是问"即"问是",可以译成"问的就是这件事"。"是征"是"征收的就是这件东西","是惧"是"怕的就是这个"。"是"是宾语,也是为强调而提前。它的表强调的语感,现代语也很难译出。

以上两类句子很容易混淆,阅读时要细心辨别。也许因为它们一不合汉语常规语序,二容易混淆,所以自上古汉语以降,逐步消逝。只是个别刻意学古的作家还模仿着用,口语里可就不见了。主→谓→宾句式自古至今都是正途大路,而且越走越宽。

(二)彼、此、斯

"此"和"斯"是近指,"彼"是远指。"此"和"彼"是相对的,从感情色彩看,它们都比较客观,冷淡。例如:

①彼一时,此一时也。(《孟子·公孙丑下》)——那是一个时候,这又是一个时候。

②此教我先威众耳。(《史记·陈涉世家》)——这是教我们(利用鬼神)先在群众中树立威信罢了。

③若事之不济,此乃天也。(《资治通鉴·赤壁之战》)——如果事情不能成功,这是天意啊!

⑤彼童子之师……(韩愈:《师说》)——那些小孩的老师。

"斯"和"此"虽然同为近指,但在感情色彩上很不相同,它带有顾惜咏叹的意味,经常用在动感情之处。在这些地方,是不能用"此"和它互换的。这一点精微之处,现代汉语是翻译不出来的,是我们只可以意会而难以言传的。例如:

①登斯楼也……(范仲淹:《岳阳楼记》)——登上这座楼呀,……

②吾斯役之不幸,未若复吾赋不幸之甚也。(柳宗元:《捕蛇者说》)——我当这个差役的不幸,还不会像恢复我的租赋那样更加不幸呢。

(三)之、其

这是两个常用的代词,特点是所代的范围极广,既可代人又可代物,现代汉语用第三人称代词的地方,古代汉语也往往用这两个词,实际上这两个词还是指示代词。例如:

①其巫,老女子也,已年七十。(《史记·滑稽列传补》)——那巫婆,是个老年妇女,已经七十岁了。

②即以其人之道,还治其人之身。(《四书集注·中庸注》)——就用那个人的办法,回过头来对付那个人自己。

③工欲善其事,必先利其器。(《论语·卫灵公》)——工匠要想把他的(那些)活儿干好,必须先把他的(那些)工具收拾好。

④今者项庄拔剑舞,其意常在沛公也!(《史记·项羽本纪》)——现在项庄拔出宝剑正在舞着,他的(那个)用意总在杀死沛公呢!

⑤之二虫又何知?(《庄子·逍遥游》)——这两个动物又知道什么?

⑥虽有天下易生之物也,一日暴之,十日寒之,未有能生者也。(《孟子·告子上》)——纵使有一种天下最容易生长的植物,一天晒它,十天冻它,也没有能够生长的。

"之"字除了称代作用之外,还用在修饰语与被修饰语之间作连接词,相当现代汉语中的"的"字。可以认为这种连接作用是由代词复指弱化变成的,对初学者而言,只要记住它相当于"的"字就成了。上例"易生之物"中的"之"

就是。

"其"字有两种特殊用法须注意。一种用法是可以作"其中之……"讲。例如：

狼曰："丈人知其一，未知其二。"（马中锡：《中山狼传》）——狼说：您老人家只知其中一个方面，还不知道另一个方面呢。

另有一种用法比较特殊，是以指代的口气来表示语气。一般用来表示两种语气，一种是测度拟议。例如：

①以残年余力，曾不能毁山之一毛，其如土石何？（《列子·汤问》）——凭你的衰老体力，连山上的一根草都毁坏不了，又将怎样对付那些土石？

②呜呼！其真无马邪，其真不知马也！（《韩昌黎全集·杂说》）——唉！是真的没有马呢，还是确实不知道什么叫马呢？

另一种是命令、劝勉。例如：

③二三子其佐我明扬仄陋，唯才是举，吾得而用之。（《曹操集·求贤令》）——你们几位一定要帮助我发现并推举被埋没的人才，只要有才干就推荐上来，让我能够任用他们。

一般认为这种表示语气的用法和指代的用法完全没有关系，是两种词，只是写成同一形式罢了。我们不这样看。我们认为这种表示语气的用法是作为指代的"其"字的一种特殊用法，它与讲话人的语态和语感极有关系，不然我们就不能解释"其"字既可以表测度语气又可以表命令语气这种矛盾的现象了。

（四）兹、夫

"兹"有特指意味。例如：

①兹可谓一劳而久逸，暂费而永宁也。（《文选·封燕然山铭》）——这可以说是辛苦一次却得到长期的安逸，暂时有所破费却获得了永远的安宁。

②书于石，所以贺兹丘之遭也。（《柳河东集·钴鉧潭西小丘记》）——写在石头上，就是用来祝贺这个小丘遇到了欣赏者。

到了近代，它转为一个特定的开首词，这是与它本来的特指意味很浓分不开的，然而已经近于发语词，实际指代的内容不甚明显了。

"夫"是轻指，这种轻指带有一种轻微的不屑的感情，略有贬意。例如：

长沮曰："夫执舆者为谁？"（《论语·微子》）——

长沮问道:"那个执辔驾车的人是谁?"

"夫"又经常用于发语。这似乎是古人的一种习惯,在发议论之前,先"夫"一声,以引起注意,这样,它的指代的作用就更轻了。例如:

①夫战,勇气也。(《左传·庄公十年》)——打仗,要靠勇气。
②今夫弈之为数,小数也。(《孟子·告子》)——现在下棋作为一种技术(来说),那(不过)是小技术。

(五)他
"他"在古代是一个很特殊的旁指代词,意思是"别的""另外的"。例如:

他日,驴一鸣。(柳宗元:《黔之驴》)——有一天,驴子叫了一声。

到了中古以后,一直到唐代,它才逐步定型为第三人称代词,但旁指的用法还普遍地存在于文言文之中。

(六)然、尔
这两个词,作为指示代词,常在句中单独充当谓语,意思是"这样""就这样""(是)这样""这样对"。它们的否定式是"不然""非然""不尔",还有个"否",这些都留待讲否定句时再谈。

这两个词还常常使用在实词之后,构成词组,意思是"……(那个)样子"。如"率尔"是"直率、未细作思考的样子";"寂然"是"寂静的样子(情况)"。沿至现代,它们进一步弱化成为词尾、后缀,变成一种构词成分,由它们后缀构成的词不少,像"忽然""必然""偶然"等都是。要注意:在古代,这样的结构可是词组,结合不固定,作为指代的实际语义也强。

二、特殊的指示代词

所谓特殊的指示代词,意思是说,现代汉语中没有这种指示代词;有,也是从古代汉语中流传下来的。因为它是古代汉语所特有的,而且和一般的指示代词用法很不一样,所以叫特殊指示代词。这种词不多,只有不定代词"或"、前置代词"所"和后置代词"者"这样三个。这三个词,都有自己的发展过程,现在一个一个地说。

(一)或

"或"最早是一个代词,指代它前边已经出现过的人或物中的一部分。有时,前面虽然没有出现相应的人或物的前行词(从句法上看,"或"是前者的同位语),但在意念上是有的,可以译成"有的……"。至于有什么,那就看什么是它的句中前行词或意念上的前行词了。"或"也能指代时间，可以译成"有的时候"。例如：

①人固有一死，或重于泰山，或轻于鸿毛。（《文选·报任少卿书》）——人总有一死，有的人死得比泰山还重，有的人死得比鸿毛还轻。
②回视日观以西峰，或得日，或否。（《惜抱轩诗文集·登泰山记》）——回头看日观峰以西的山峰，有的山峰得到阳光的照射，有的就没有。
③又入水击蛟，蛟或浮或没。（《世说新语·自新》）——又到河里去刺杀蛟龙，蛟龙有的时候漂浮上来，有的时候沉没下去。

后来，"或"逐渐地放在两个分句之中，就向关联词发展了。例如：

刃之与利，或如来说：形之与神，其义不然。（《梁书·儒林·范缜传》）——刀刃跟锋利的关系，可能像你说的那样；形体跟精神的关系，道理却不是这样。

（二）所

"所"字原来是个名词，意思是"处所""地方"。这种意义的"所"，现代还存在于某些专名词之中，如"托儿所""房管所""研究所"。后来，它置于动词或介词之前，与它后面的词组成名词性质的词组，如"所见"，就是看见的那些;"所学",就是学的那些。这样一来,它就具有代词的性质了。

我们可以看到,这样的作为代词的"所",不能单独使用,必须和其他词类的词结合起来组成词组,才能充当句子的成分。"所"字通常是和动词或介词组成词组,"所"字位于动词或介词的前面。"所"字指代的内容只有在词组中才能清楚地表现出来。例如:

①物类之起,必有所始。(《荀子·劝学》)——事物的兴起,一定有它最根本的原因。

②始臣之解牛之时,所见无非牛者。(《庄子·养生主》)——起初我解剖牛的时候,眼睛所见到的东西,没有不是牛的(只看到一个整体的全牛)。

③莫如以吾所长,攻其所短。(徐珂:《冯婉贞》)——不如用我们的长处,去攻击敌人的短处。

这种代词性的"所"字组成的词组,可以叫作"所字词组"。"所"字位于这个词组的最前面,因此我们管"所"字叫作前置代词。这与前面所谈的名词性的"所"永远位于它所组成的词组的后面正形成对照。另有一种用于数量词后面的"所",是用来表示一种约数的,意思是"左右""差不多""上下"。这种用法比较特殊,与前两种用法截然不同，必须注意。例如：

> 父去里所，复还。(《史记·留候世家》)——老先生走了一里来地，又折回来了。

(三) 者

"者"字也是一个特殊的指示代词。说"者"字是个指示代词，是因为它指代人、事、物；说"者"字是特殊的指示代词，是因为它不像其他代词那样可以单独使用，而是必须和其他词类的词结合起来组成词组，只有在词组中"者"字的指代意义才能清楚地表现出来。这样的词组叫作"者字词组"。"者"字位于词组的最后，所以我们管它叫作后置代词。

"者字词组"现代还广泛地用于组成称呼一类人的专名词，如"记者""作者""马列主义者""学者"。但在古代汉语中，它的用途更广泛。例如：

> ①负者歌于涂（tú，同"途"），行者休于树，前者呼，后者应。(欧阳修：《醉翁亭记》)——那些背着东西的人在路上唱歌，过往的人在树下休息，在前面的人叫了一声，在后面的人就跟着回答。
>
> ②夺项王天下者，必沛公也。(《史记·项羽本纪》)——(将来)夺去项王天下的，一定是沛公。

③二者不可得兼。(《孟子·告子上》)——两样东西不能同时得到。

④昔者疾,今日愈。(《孟子·公孙丑下》)——前些日子病了,今天病好了。

我们可以看到,前两个例子,现代汉语中也有,而后两个跟数词与时间词组成的词组,虽然在现代汉语书面语中也用,但显然是古代汉语中的残余了。类似的词语有"今者""近者""前者""数者",它们的意思是"现在""近来""以前""这几种情况"。这是我们在翻译时必须注意到的。另外,"者"字用在判断句中,还有一种加重语气的作用,这留在后面再谈。

三、焉、诸

"焉"是个很奇特的词,它有两种用法。

一种用在句尾,大致等于一个介宾词组"于是"或"于之"也就是说,它相当于一个介词为"于"、宾语为指示代词的介宾词组。它处在句尾,起补语的作用。它包括的指代成分,可以代人、事物、处所。例如:

①制,巖邑也,虢叔死焉。(《左传·隐公元年》)——制这个地方很险要,虢叔死在那里。

②使子路问津焉。(《论语·微子》)——叫子

路去向他们问渡口。

③今宋人弑其君，罪莫大焉。(《国语·晋语五》)——现在宋国人杀了他们的国君，罪过没有大于这个的了。

④信则人任焉。(《论语·阳货》)——诚实，那么人们就会对他信任。

"焉"由于常用在句尾，所以逐渐具有语气词的性质。有的"焉"看不出指代什么来，它的指代作用弱化得很厉害，那就只能当语气词来对待了。

另一种用在句首的"焉"，是疑问代词，多用来问处所。例如：

①不入虎穴，焉得虎子？(《后汉书·班超传》)——不进虎窝，从哪里能搞到小老虎？

②且焉置土石？(《愚公移山》)——而且，泥土、石头往哪儿倒？

"诸"是"之于"或"之乎"的合音，"之于""之乎"之中都包括有指示代词"之"，所以这个词语的指代性很强。关于它，我们留待下面讲到介词时叙述。

第六讲 古代汉语的人称代词

古代汉语的指示代词，如上一讲所述，使用范围比现代汉语广，出现的频率也高。人称代词则反是，使用范围要窄，现代汉语用人称代词的地方，古代汉语往往省略，或用种种方式代替。因此，它出现的频率也低。下面就有关古代汉语人称代词方面的问题分别论述。

一、第一人称代词

常用的有"我""吾""予""余"，此外还有"台""卬""朕"等。现代只残存下"我"了。但是现代汉语有了"我们"这个复数，古代汉语则没有复数标志。

"吾""我"多用于对话，有明确的对话者。"予""余"多用于自叙，泛对目标。例如：

①问之，则曰："吾祖死于是，吾父死于是，今吾嗣为之十二年，几死者数矣。"（柳宗元：《捕蛇者说》）——问他，他说："我祖父死于捕蛇这件事，我父亲也死于捕蛇这件事，现在我接着他们干这差事已经十二年了，几次差一点被蛇咬死。"

②余闻而愈悲。（同上）——我听了以后越发

难过。

③予观夫巴陵胜状,在洞庭一湖。(范仲淹:《岳阳楼记》)——我看那个巴陵地区的美好景色,全在洞庭这个湖上。

④此教我先威众耳(《史记·陈涉世家》)——这是指示我们先威服众人呢。("我"是指陈胜、吴广两个人)

⑤齐师伐我。(《左传·庄公十年》)——齐国的军队来攻打我国。

⑥彼竭我盈,故克之。(同上)——他们(对方)的士气瓦解,而我军(我方)士气饱满,所以胜了他们。

可以看出,后三个例子中"我"的用法,在现代汉语中是没有的,或说,已用更精密、更准确的说法代替了。别的几个第一人称代词也有类似的用法。可见,古代汉语不但第一人称代词比现代汉语多得多,每个词的用法也比较宽泛,能代表的内容多。

二、第二人称代词

文言中常见的第二人称代词有"汝""女""尔""若""乃""而",等等,这些字在古代读音相同或相近。"汝"和"女"在作人称代词时是一个词,用法完全相同,都读作

rǔ。这些词现代都淘汰了,换成"你"。要注意的是,它们一般从别类词假借而来,其原义仍常用,这对于初学者理解句义常常造成困难。例如:

①狼速去,不然,将杖杀汝。(马中锡:《中山狼传》)——你这只狼赶快离开。不然的话,我就要用拐棍打死你。

②而翁归,自与汝覆算耳!(蒲松龄:《促织》)——等你的老子回来,就要跟你算账啦!

③若毒之乎?余将告于莅事者,更若役,复若赋,则何如?(柳宗元:《捕蛇者说》)——你以为干捕蛇这差事很痛苦吗?我准备(把这事)转告负责管征税的官吏,更换你捕蛇的差事,恢复你的赋税,怎么样?

④君命一宿,女即至。(《左传·僖公二十四年》)——献公命令你一昼夜(到蒲城),你却当天就赶到。

⑤必欲烹乃翁,幸分我一杯羹。(《汉书·项羽传》)——(如果)一定要烹食你的老子,就希望你分给我一杯肉羹。

⑥尔何知,中寿,尔墓之木拱矣。(左传·僖公三十二年》)——你懂什么,若是早死了,你墓上的树快有两手合抱那么粗了。

⑦若疾入赵壁,拔赵帜,立汉赤帜。(《史记·淮

阴侯列传》）——你们迅速攻进赵军的营垒，拔掉赵军的旗帜，树起汉军的红色旗帜。

可以看出，古代汉语第二人称代词具有和第一人称代词同样的情况：数目多，用得宽泛。比第一人称代词难办的是：它们不像"吾""我"那样专词专用，都是从别类词借来的，那些词的本义（典型如"女"）更常用。这都得靠细心研读上下文才好辨别。

三、第三人称代词

上古汉语中可以说并没有第三人称代词，常用的"彼""其""之"实际都是指示代词。它们的意思大体相当于现代汉语的"这个人""那个人""那些人"，而不等于"他""他们"。当然，我们翻译时，遇到这些指示代词指代人的时候，要用现代的第三人称代词来对译；但是，我们一定要明白，理解和翻译究竟是两码事，它们不见得常常一致。例如：

①楚人有涉江者，其剑自舟中坠于水，遽契其舟。（《吕氏春秋·察今》）——有一个渡河的楚国人，他的宝剑从船上失落到水里，他马上用刀在船上刻了一道纹。

②亚父受玉斗，置之地，拔剑撞而破之。（《史

记·项羽本纪》）——亚父（范增）接过玉斗，把它放在地上，拔出剑来，猛劈过去，把它击碎了。

③公与之乘。（《左传·庄公十年》）——鲁庄公同他（曹刿）坐在一辆战车上。

真正的第三人称代词，到南北朝时期方才逐步发展起来，最早出现的有"伊"和"渠"。最后统一到"他，那已经到了唐宋两朝了。例如：

①伊必能克蜀。（《世说新语·雅量》）——他一定能够灭亡蜀国。

②必是渠所窃。（《三国志·吴书·赵达传》）——必定是他所偷的。

③泥他沽酒拔金钗。（元稹：《遣悲怀》）

注意，最后一例中的"他"，按现代汉语书面语应该写作"她"，可古代一律作"他"。译时应注意。

"其"和"之"，在用来指代人的时候，有时不限于代第三人称。在一定的语言环境中，可以代第一人称（我）和第二人称（你）。

①君将哀而生之乎？（柳宗元：《捕蛇者说》）——您有怜悯之意，想让我活下去吗（之，代第一人称）

②窃悯公之将死，故吊之（《汉书·蒯通传》）——

私下里怜悯您就要死了,所以来吊唁您。(之,代第二人称)

③庐陵文天祥自序其诗,名曰《指南录》。(文天祥:《指南录后序》)——庐陵文天祥给自己的诗集写了序,并把诗集题名为《指南录》。(其,代"自己的")

④今肃迎操,操当以肃还付乡党,品其名位。(《资治通鉴·赤壁之战》)——要是现在鲁肃我投降曹操,曹操会把我送回乡里,评定我的名声地位。(其,代第一人称)

⑤不知将军宽之至此也。(《史记·廉颇蔺相如列传》)——不知道将军宽恕我到了这个程度。(之,代第一人称)

⑥或嗤笑之。(徐光启:《甘薯疏序》)——有的人嗤笑我。(之,代第一人称)

有人认为,这种用法,表明"其""之"指代人称时用得比现代第三人称宽泛。我们认为,这种用法的修辞色彩很浓,实际上是一种婉曲的说法,即把当事者,不论是自己或对方,放在第三者的位置上去。指代第一人称时,还有些谦逊的意味。指代对方时,带有不敢直接指斥的意味,说的多半是对方身边发生的事而不直接触及人物本身。如前引《汉书·蒯通传》那一句,"之"指代的多半还是"将死"这件事,只不过这件事发生在对方身上罢了。这种精微之处,译是译不出来的,初学者要细心体会。

四、人称代词的单复数问题

古汉语的人称代词没有单数、复数的区别,可以表示单数(例句见前),也可以表示复数。有时在后面加上"辈""侪""等""属""曹"等词,然而这些词不等于现代汉语的"们",而是"一班人""一批人"的意思。例如:

①况吾侪乎?(《左传·成公二年》)——何况是我们这一班人呢?

②狼曰:"吾非固欲负汝,天生汝辈,固需吾辈食也。"(马中锡:《中山狼传》)——狼说:"我并不是一定想要辜负你,天生你们这些人,本来就是供给我们狼吃的。"

③公等遇雨,皆已失期。(《史记·陈涉世家》)——你们各位遇到了大雨,都已经误期了。

④若属皆且为所虏!(《史记·项羽本纪》)——你们这帮人都将被他们所俘虏!

⑤尔曹身与名俱灭,不废江河万古流。(杜甫:《戏为六绝句》)

五、人称代词的"替代法"

我们读古书,常会有这样的感觉:古代不但没有真正的第三人称代词,就连第一第二人称代词使用频率也不高;翻译时更会有这样的感觉:译成现代汉语后,人称代词增多了。许多古人不用人称代词的地方,咱们全得用人称代词来译。这有时是因为句中省略的缘故。大多数情况则不如此。原来古人在我们用人称代词的地方,却使用了别的词来代替。从现代汉语的角度看,可以把这种方法叫作人称代词的"替代法"。当然,古人未必这样看,他们可能认为,就应当那样做。

古人那样做的原因,是要表示对人尊敬和自己谦虚,这与古代阶级社会里森严的等级制度有密切的关系,和宗法制度也有关系。在这方面古人使了多种多样的方式,无法一一列举。只可大致分类来谈一谈。

一是古人为表示谦敬,称自己或别人的名字:

①平原君曰;"胜已泄之矣。"(《战国策·赵策》)——平原君说:"我已经把这事向鲁仲连先生透露了。"

②(范宣子曰):匄也,先君守官之嗣也,敢不承命。(《左传·襄公八年》)——匄(gài)同"丐",晋大夫范宣子名;嗣,后代,继承人;承

命,答应请求。句意是:我是先君守官的后代,怎么敢不答应你们的要求。

③栾书将载晋侯,鍼曰:"书退,国有大任,焉得专之。"(《左传·成公十六年》)——栾书,晋中军统帅;鍼(qiān),栾鍼,栾书之子,战时为晋君的护卫。句意是:(晋侯的车陷入泥潭),栾书将用自己的车载晋侯,栾鍼说:"你退下去,你负有国家元帅的大任,哪可专干驾车的差使。"

例①,平原君自称己名"胜"。例②,范宣子自称己名"匄",以此表示自谦。例③,栾鍼是栾书的儿子,儿子直呼老子的名,大为不敬,但因当时晋侯在场,为尊重国君,所以如此称呼。

二是称身份:

①(张良曰:)臣为韩王送沛公。(《史记·项羽本纪》)——(张良说:)我奉韩王命令送刘邦一起进入武关。

②仆既受足下诗,又谕足下此意。(白居易:《与元九书》)——受,接受;谕,明白。句意是:我既收到了您的诗,又懂得了您的意思。

③太史公牛马走司马迁再拜言。(司马迁:《报任安书》)——太史公,即太史令,官名;牛马走,像牛马般被驱使的仆人(走即仆人的意思)。句意

是：太史令您的仆人司马迁再拜对您讲（这是写信开头的客气话）。

④公问之，（颍考叔）对曰："小人有母，皆尝小人之食矣，未尝君之羹，请以遗之。"（《左传·隐公元年》）——尝，吃的意思；遗（wèi），给。句意是：庄公问颍考叔为什么不吃肉，回答说："我有老母亲，我的食物她都吃过了，没吃过你的肉羹，要把这个留给她。"

以上是自己谦称。对人敬称常用的有"君""公""卿"等。例如：

①君不忘先君之好。（《左传·襄公十四年》）——您鲁君不忘记我们先君的情谊。

②诸将皆曰："与公争天下者，袁绍也。"（《资治通鉴·汉纪五十五》）——各位将领都说："跟您（曹操）争天下的，是袁绍啊。"

③独卿与子敬与孤同耳。（《资治通鉴·赤壁之战》）——只有你和鲁子敬与我见解相同。

三是特称，通行的有"陛下""阁下""殿下""足下"等。例如：

①窃为陛下惜之。（贾谊：《论积贮疏》）——

我私下替您可惜。

②中军临川殿下，明德茂亲，总兹戎重。（丘迟：《与陈伯之书》）——中军将军临川王殿下，德行高尚，又是皇帝至亲，主持这里的兵戎大事。

③建信君悖然曰："足下卑用事者而高商贾乎？"（《战国策·赵策三》）——建信君变了脸色说："您认为执事的人卑劣而商人高尚吗？"

四是用地名、官名尊称对方。例如：

平原不在，正见清河。（《世说新语·自新》）——陆机不在，只见到陆云。

需要说明一下，这个例选自"周处除三害"那一则，去见陆机和陆云的是周处。他没见到陆机，仅仅见到了陆云。平原，指陆机，他曾做过平原内史。清河，指陆云，他曾做过清河内史。汉魏南北朝地方行政采用郡县与封建并行的制度，晋朝的王国行政长官叫内史，地位与郡的太守相同。所以有的史书中也管陆云叫清河太守。封建社会有一种对有地位的人加以尊称的习惯，办法之一是用他做官的地方的地名来称呼他。有一点必须注意：《世说》这种写法是后来的人尊称前代的人。陆机和陆云做内史，都是在晋惠帝太安元年（公元302年），而周处早已在晋惠帝元康七年（公元297年）战死。周处找陆云，估计是在公元280年吴国亡国前后的事，比陆氏兄弟做内史早了二十多年。所以，只能把"平原""清河"当作借代陆氏兄弟的同义词来看，绝不可认为陆氏兄弟当时就担任这个官职。

第七讲　古代汉语的数词、量词和方位词

数量、量词，还有表示方位的词，都可以认为是名词的附类。也就是说，它们是一种特殊的名词。在古代汉语中，这几类词的用法有其特点。

一、数词和量词

数词是表示基数、序数、分数、倍数、概数的词。量词是表示有关数的单位的词。数词，各种语言都有，是否完备，表达方式是否精密，则各种语言不一样。量词复杂些。量词，从其本身来源来说，主要有两种：

一种是人为单位，如度量衡单位。

一种是天然单位，如个、只、枚、匹、次等。

前一种，一般语言均具备。后一种，则是东方语言，特别是汉藏语系语言所特有。汉语的量词，从历史上看，愈来愈发达，并且给日语（非汉藏语系语言）等以巨大的影响。

量词，就其与其他此类的配合情况看，也可分两种：

一种与名词配合，是为物量词。

一种与动词配合，是为动量词。

现代汉语的数词和量词一般连在一起用，为了古文今译

等问题,有必要把它们放在一起研究。

从古代汉语到现代汉语的数量词,必需从发展来看,才能认识得比较清楚。

第一点,量词从不发达到发达。

上古汉语物量词不多见,常用的只限于器具与度量衡单位。一般的表示天然单位的物量词如"个",在汉代以后才逐渐发达。动量词则到南北朝才突然增多。正统文言文很少使用量词,特别是很少使用动量词。现代汉语中除了沿用古汉语的词语如"一针一线""百战百胜""九死一生"等外,数量词总是结合在一起使用,而古代习见的办法却是不用量词,直接用数词去修饰名词或动词。例如:

①子墨子曰:"请献千金。"(《墨子·公输》)——墨子说:请允许我献上千("斤")金。

②二大夫归。(《左传·成公二年》)——两位大夫返还。

③七遇皆北。(《左传·文公十六年》)——打了七次遭遇战,都败了。

④季文子三思而后行。(《论语·公冶长》)——季文子遇事考虑多次才去办。

前两例是数词直接修饰名词,后两例是直接修饰动词。用现代汉语对译时,都得加上量词才合乎习惯。南北朝以后,量词渐多,可是在发展过程中有代换情况。例如:南北朝时鞋的量词是"两",现代却用"双"。中古时树论"株",酒论"斗""升"。这些也要斟酌,现代有习惯用法的要译,如树的量词译成"棵";不好译的就算了,酒还论"斗"吧。

第二点,在古代的数量词,用在句中,词序与现代不同,而且比较随便。现代汉语则比较固定,词序也和古代不一样。

数量词修饰动词,在现代,一般是在动词后作补语,不说"三顾"而说"探望了三次",与古代词序不同。例如:

①公输般九设攻城之机变,子墨子九距之。(《墨子·公输》)——公输般九次变换攻城方法,墨翟先生九次挡住了进攻。

②三顾臣于草庐之中。(诸葛亮:《出师表》)——三次枉顾我,到我的家里来。

数量词修饰名词,在现代,一般是在名词前作定语,而古代可前置也可后置,比较灵活。这反映了数量词与名词结合得还不像现代这样紧密,而且其结合方式也在摸索和多方实验阶段。这种松懈与实验的情况还表现在数量词与名词之间可加结构助词"之"(如"一介之使")。

①孟尝君予车五十乘,金五百斤,西游于梁。(《战国策·齐策》)——孟尝君给了他五十辆马

车，五百斤金子，叫他到西方的魏国去。

②行收兵，比至陈，车六七百乘，骑千余，卒数万人。(《史记·陈涉世家》)——一路前进一路召集队伍，等到到了陈这个地方，已有战车六七百辆，骑兵千余名，步兵数万人。

③三里之城，七里之郭，环而攻之而不胜。(《孟子·公孙丑下》)——三里方圆的内城，七里方圆的外城，四面包围起来攻打，可没攻进去。[注意：此中说法。现代偶尔也用，是沿袭。]

现代记零用账，还写"白菜十斤""猪蹄一对"，是古代这种用法的沿袭。

第三点，古今表数方法上有差异，这些差异说明古代表数方法有缺点。

1.古代整数与零数间往往加"有"或"又"。如：

①邹忌修八尺有余。(《战国策·齐策》)——邹忌身长八尺有余。

②六百又五十又九夫。(《孟鼎》)——六百五十九个男奴隶。

从我们现代人的眼光看，这种办法真是多余。

2.可古代又缺少数词"零"。大概"零"在唐宋之际才出现，还和"单"字("一百单八将"的"单")竞争了一阵，最后"零"占上风，"单"被淘汰。无"零"和"单"

时,只能把带零位的数硬往一块儿连。那可显得不精密。例如:

冬至后,一百五日为寒食。(《荆楚岁时记》)——冬至以后一百零五天是寒食节。

3.古代表分数,已有"三分之一"这样完整精密的表达方式,可是经常简化使用,这反映了古人不追求表达得精密,是个缺点。

①故关中之地,于天下三分之一,而人众不过什三。(《史记·货殖列传》)——关中地区占全国三分之一,可是人口不过十分之三。

②既对尚书而空遣去又什六七矣。(《潜夫论》)——在尚书省对策以后被白白的遣返的又占十分之六七。

③然其穷涸不能自致于水,为獱獭之笑者,盖十八九矣。(《韩愈:《应科目时与人书》)——可是其中没有办法自己找到"水"而被"獱獭"之类所笑的,总有十分之八九。

后两例,特别是最后一例,与近代汉语表约数的方式不好区别(如清代笔记中常出现的"十六七好女子也")。古人有完备的分数表达形式而不用,只好说句"他们太不讲究"罢了。

4.上古序数与基数无别。也可说，上古汉语缺乏表序数的手段。这不能不说是个缺点。"第"用来表序数，始见于秦汉之际。后面再带上名词如"第五郎""第二流"之类，则已到东汉和南北朝之际了。沿袭到现在，我们还习惯于用"二楼""三等""一号""一不怕苦，二不怕死"等简化了的格式，不能不说是受了古代的影响。实际上这种简化格式不够精密。

5.数词"一"往往省略不说。这也是古人不追求精密的一种表现。它容易出漏洞。

> 郡国百三，县邑千四百八十七。（《后汉书·郡国志序》）——郡、国一百零三处，县一级行政单位一千四百八十七处。

第四点，古代汉语的数词可以单用作谓语。今译时得加上许多别的词语才行。例如，可用表存在的"有"字谓语句来译，还得加上量词。还有"一"字作谓语，有时作"统一""混一"讲，就得那样译，还有作使动用法的谓语的，得译成"使……统一"。

> ①六王毕，四海一。（杜牧：《阿房宫赋》）——六国灭亡，中国统一。
> ②夫金鼓旌旗者，所以一人之耳目也。（《孙子·军事》）——金鼓旌旗是用来使人们得到统一的号令的。

③先帝创业未半,而中道崩殂。(诸葛亮:《出师表》)——先帝创业不到一半,中途就逝世了。

④盖一岁之犯死者二焉。(柳宗元:《捕蛇者说》)——大致一年之中在这方面冒死的危险两次。

⑤举所佩玉玦以示之者三。(《史记·项羽本纪》)——举起所佩带的玉玦,暗示对方三次。

⑥山水之可取者五。(柳宗元:《钴鉧潭记》)——山水的可供游览的地方有五处。

第五点,作为修辞手法"借代"中的一种方式,以定数代不定数的方式在汉语历史的发展中逐步形成。它带有强烈的民族心理特色和民族文化风格特点,并与中国文学特有的"对偶""对比"等修辞手法精密结合。

一,用来表少;

二,表不多;

三,表多。"一日不见,如三秋兮",其中"一"言其短,"三"言其长,在时间上形成对比:客观上的少量时间与主观上的多量时间的对比。

四、五、六,表多而用于有褒义之处。如"五颜六色"。

七、八,表多而用于有贬义之处。如"七零八落""七上八下""乱七八糟"。

九、十、百、千、万,表甚多,极多。

三和九的倍数也表多。如"十二分""七十二变""三百六十行"。

在古代文学作品中,一处数词用得好,常为全篇生色。若数词用得过多,又会被戴上"算博士"的帽子。总之,对古代文学作品中的数词,不可执着看实,它们差不多都带修辞色彩。例如:

①将军百战死,壮士十年归。
②同行十二年,不知木兰是女郎。

以上诗句均见于《木兰辞》,百、十、十二,都是定数代不定数,极言其多。若认真计算,十二年减十年,差了两年军龄,哪里去外调查档案!

第六点,古代一些表约数概数的特殊词语也说一说:

数词前加"可",量词后加"许""所",表估计数。

①年可十二。(《汉书·王章传》)——年龄刚好十二岁。
②松江府东去五十里许,曰乌泥泾(陶宗仪:《黄道婆》)——从松江府往东五十来里地,有个地方叫乌泥泾。
③其巫,老女子也,已年七十。从弟子女十人所。(《史记·滑稽列传补》)——那个巫婆是个老年妇女,已经七十岁了。后面跟着十来个女徒弟。

数词前加"且""几""将",表近似数。

①北山愚公者，年且九十。(《列子·汤问》)——北山愚公这个人，年岁将近九十了。

②汉之为汉，几四十年矣。(贾谊：《论积贮疏》)——汉朝的成为（现在的）汉朝的样子，几乎有四十年了。

③历载将百。(《宋书·谢灵运传论》)——经过将近一百年了。

二、方位词

方位词有"东""西""南""北""中""外"、"上""下""前""后""左""右"等。它们在古代汉语中有以下特殊用法：

1. 用在动词前面作状语时，表示动作的趋向或来处，翻译时要加上相应的动词或介词。

①西游于梁。(《战国策·齐策》)——到西方去魏国活动。

②项王、项伯东向坐。(《史记·项羽本纪》)——项王、项伯朝东而坐。

③西望瑶池降王母，东来紫气满函关。(杜甫：《秋兴》)——往西边看，王母从瑶池来临；从东面来的紫气充满了函谷关。

2. 可以单独用作谓语，翻译时也得加上相应的词语，译成一个词组。例如：

①秦师遂东。(《左传·僖公三十二年》)——秦国的军队就向东方开去。

②汉败楚，楚以故不能过荥阳而西。(《史记·项羽本纪》)——汉军把楚国打败了，因此，楚国不能开过荥阳往西去。

这种用法和普通名词用如动词的用法相同，我们在后面还要讲到。

第八讲 古代汉语的副词

从这一讲开始，着重谈谈古汉语虚词的用法。

古代的人知道分别实词和虚词，可是没有明确的界限。我们这里谈的虚词主要是指副词、介词、连词、语气词这些。当然，这只能是个大致的界说，不能绝对化，有的词类（如代词）实中有虚，有的词类（如副词）虚中有实，具体情况要具体分析。而且不少虚词不止有一种用法，它们的词性常常不像现代汉语的虚词那样比较容易确定。关于古汉语词类分类问题，实在还有待于深入研究，而从实用着想，熟悉一个虚词的各种用法，比了解它属于什么词类更加重要。所以现在想提出一些常用的古汉语虚词，着重谈谈它们的一般用法和特殊用法。为了便于理解和掌握，我们还是按一般的词类系统，采用先综合后分别对待的办法来讲。

副词是修饰和限制动词、形容词等词的词，它表示动作、行为、性质、状态的特征。文言文中的副词在语法功用上和现代汉语一样，主要是作状语和补语，在一定条件下也可以充当谓语。副词不仅修饰动词或形容词，有时它还修饰整个谓语部分或句子，这样用法的副词常常是位于一个句子的前面。这些特点，古代汉语和现代汉语的副词都有。

现在我们来看一看古代汉语副词固有的一些特点：

（一）从数量看，它比别的虚词如连词、介词、语气词等要多很多。那些虚词,常用的不过几个、十几个,可古代汉语常用的副词总有七八十个。但要比起实词的浩如烟海呢,这几十个副词就微不足道了。从经常使用的角度看,这些词的使用频率都相当高。因此,对它们是应该逐个掌握的,也能做到逐个掌握。

(二)从词义角度看,副词属于半虚半实的词,有些实际意义即词汇意义。这一点和它的来历有关。副词大多是由实词转化引申变来的,常带有弱化的本义。总之,它与所由来的那个实词的本义多少有些牵连,在这一点上,古代汉语的副词表现得比现代汉语的副词要明显。如谦敬副词"窃",原来是动词,本义近于现代的"偷"。引申有"私自、私下里"的意思,转化为副词。它的别种词类的本义和作为副词的引申义在文言文中常常并用。这就造成了初学的困难。好在从副词在句中的位置看,能使我们比较容易地把它们和别种词类区分开,只要留心观察,是不难掌握的。下面再举个"益"字的例子:

①澭水暴益。(《吕氏春秋·察今》)——澭水猛涨。

②无益吾事。(徐珂:《冯婉贞》)——对我们的事情没有好处。

③武益愈,单于使使晓武。(《汉书·苏武传》)——苏武逐渐痊愈了,单于派遣使者来告诉苏武(向苏武明确地劝降)。

④故扬汤止沸,沸乃益甚。(《文子·上礼》)——所以,用把开水舀起来再倒回去的办法制止开锅,锅里的水反倒沸腾得更加厉害。

"益"是动词"溢"的本字。"暴益"的"益",词义接近本义。"无益"转为名次,是引申义,词义还是实在的。后两例是副词,词义已经半虚化,可是和本义仍有关连,看得出是由本义引申而来。

(三)从翻译的角度看,副词很重要,它往往影响对全句的理解。一般非译不可,译错了不行。有些副词如谦敬副词虽可不必译出,可是非细心体会、深入理解不可,它涉及全句的语态。总之,学习古代汉语,很有必要熟记一些常用的副词,了解它们的意义,这对于提高阅读能力很有帮组。

初学古代汉语副词,可以把以下三方面作为重点:

(一)一个副词,它的某一意义古代常用,现代语却是另一意义。这另一意义古代也用,可不常用。那就得牢记古代常用义,也不可忘掉非常用(而现代常用)义,当它出现时,根据句意和上下文细心寻绎。如"特":

①特与婴儿戏耳。(《韩非子·外储说左上》)——只不过和孩子开玩笑罢了。
②欲与俱去,毋特俱死(《汉书·高帝纪》)——想同他一起走开,不要白白地跟着别人一块儿死。
③潘、陆特秀。(《宋书·谢灵运传》)——潘岳、陆

机的文章特别漂亮。

前两例中"特"的含义古代常用而现代不用,后一例则古今均有此义。要以掌握古义为主。

(二)从上三例可知,古代汉语的副词常具多义,这就给初学者理解和翻译造成困难。没有别的办法,对一词多义只能尽量掌握,遇到的时候细心结合句子和上下文研究罢了。以"始"字为例:

①泉涓涓而始流。(陶渊明:《归去来兮辞》)——泉水细细地开始流淌。

②始吾于人也,听其言而信其行;今吾于人也,听其言而观其行。(《论语·公冶长》)——当初,我对人们,听到他的话那么说就认为他一定会那样办事;现在呢,我对人们,听到他的话可要观察他的行动了。

③何平叔注《老子》始成,诣王辅嗣。(《世说新语·文学》)——何晏注释《老子》刚刚完成,就去拜见王弼。

④年始十八九。(《古诗为焦仲卿妻作》)——年岁才十八九。

⑤霸才无主始怜君。(温庭筠:《经陈琳墓》)——首先,我叹息你没有投靠个英雄做主子(主子指袁绍)。

以上所举"始"字各义,同源殊流,必须细加辨别。特别是最后一例,用法少见,含义特殊,是初学难于理解的。

(三)古今都常用,可在使用中含义有轻微变化的副词,也是初学的难点。这种词不多,以"稍"字为例:

①自缪公以来,稍蚕食诸侯,竟成始皇。(《史记·秦始皇本纪》)——从秦缪公以来,秦国逐渐蚕食诸侯,一直到秦始皇手里完成了统一的大业。

②稍出,近之(柳宗元:《黔之驴》)——渐渐出来接近它。

③夫妻心稍慰。(蒲松龄:《促织》)——夫妻两个心中稍微有些平静宽慰。

前两例中的"稍"意为"逐渐",是古代常用义;后一例则与今用义相同,文章是清代的人写的。这类易生歧义之处,要历史地辩证地对待,细加鉴别。

我们已经在前几讲里学过否定副词和某些表疑问的、表加强语气(肯定)的副词。关于肯定副词,以后讲判断句时还要讲到。在这一讲里,我们就只讲讲时间副词、范围副词、程度副词、情态副词和谦敬副词。有的多义副词可能跨类,为了讲述方便,我们把它们归入某一类里面叙述。

一、时间副词

表示动作行为发生的时间、快慢、连续、频率等的副词叫时间副词。表示正在发生某种动作行为的时间副词，常见的有"方""正""适""今"等；表示动作发生在过去的时间副词，有"已""既""业""常""曾""昔""曩"；表示动作发生在将来的时间副词，有"欲""将""且""寻""卒"等；表示动作过程很快的时间副词，有"遽""疾""急""亟"等；表示动作过程缓慢的时间副词，有"渐""寖""徐"等；表示动作行为的连续、频率的时间副词，有"乃""即""遂""旋""辄""迭""复"等。这类副词，位置在句首的，有"初""先""昔"等；位置在动词后面的，有"须臾"等；一般是位于动词谓语的前面。例如：

①陈涉少时，尝与人佣耕。(《史记·陈涉世家》)——陈涉年轻的时候，曾经给人家当雇农种地。

②曩与吾祖居者，今其室十无一焉。柳宗元：《捕蛇者说》)——过去和我祖父作邻居的，现在他们十家不剩一家了。

③且留待之须臾。(《史纪·西门豹治邺》)——暂且留着等他们一会儿。须臾：时间副词，"一会儿"。

古代汉语常见的时间副词表

	过去时				现在时	将来时
古代汉语	既、尝、曾、已	素	近	向、昔、前、曩	适、方、会	行将、将、行、且、几
现代汉语译解	已经、曾经	向来	近来	以前	正在	将、将要

〔附〕表示时间短暂的有"寻""旋""俄"（不久，一会儿）等。

我们要注意的是，古汉语中很重视对时间的表达，除时间副词外，还用相当多的、有的是一系列的特定词语来表达一定的时间观念。知道了这些，对初学者很有用，所以我们在下面附带讲一讲。

除时间副词外，古汉语中其他表时间的词语可大致归为两类。一类是表大致的时间的，多为词组，有的是凝固形式。如：

①俄顷：片刻。例：俄顷风定云墨色。（杜甫：《茅屋为秋风所破歌》）

②俄而：一会儿。例：俄而百千人大呼。（林嗣环：《口技》）

③顷之：过了些时候。例：顷之，未发，太子迟之。（《史记·刺客列传》）

④食顷：吃一顿饭的功夫。例：食顷，帘动，片纸抛落。(《聊斋志异·促织》)

⑤少顷：过了一会儿。例：少顷，但闻屏障中抚尺一下。(《林嗣环：《口技》)

⑥既而：不久，一会儿。例：既而敌行益迩。(徐珂：《冯婉贞》)

⑦已而：一会儿。例：已而简子至。求狼弗得，盛怒。(马中锡：《中山狼传》)

⑧斯须：一会儿。例：及扑入手，已股落腹裂，斯须就毙。(《聊斋志异·促织》)

⑨瞬息：一下子。例：以草火烧，瞬息可成。(《梦溪笔谈·活板》)

⑩倏忽：一下子。例：倏忽万变。(《游龙门记》)

⑪未几：不多时，没多久。例：未几，成归，闻妻言，如被冰雪。(《聊斋志异·促织》)

⑫无何：不一会儿。例：居无何，上至，又不得入。(《史记·绛侯周勃世家》)

⑬有间：过了一段时间。例：居有间，平公又问祁黄羊曰："国无尉，其谁可而为之？"(《吕氏春秋·去私》)

另一类是表确定的时间的，多为专门性词语。如：

①侵晨：天快亮时。例：侵晨探采谁家女。(唐

彦谦:《采桑女》)

②质明:黎明。例:质明,避哨竹林中(文天祥:《指南录后序》)

③翌日:第二天。例:两边议妥,翌日先交银一百万两。(《广东军务记·三元里抗英》)

④旬:十天为一旬。例:一人倍之,伤肤,兼旬愈。(兼旬:二十天)(方苞:《狱中杂记》)

⑤朔:农历每月初一。例:春,二月,庚辰朔,日有食之。(《资治通鉴》《卷四十六》)

⑥望:农历每月十五日。例:予犹记周公之被逮,在丁卯三月之望。(张溥:《五人墓碑记》)

⑦既望:农历每月十六日。例:自既望以至十八日为最盛。(周密:《观潮》)

⑧晦:农历每月最后一天。例:戊申晦,五鼓,与子颖坐日观亭,待日出。(姚鼐:《登泰山记》)

⑨期(jī)月:一整年。例:是我起兵首尾期月矣。(《方腊起义》)

⑩期(jī)年:一周年。例:期年之后,虽欲言无可进者。(《战国策·齐策》)

此外,我国古代记时间有两套办法,一个是十二地支记时法,每个"时辰"恰等于现代的两小时。表列如下:

十二地支记时法对应现代时间

	子	丑	寅	卯	辰	巳	午	未	申	酉	戌	亥
初	23	1	3	5	7	9	11	13	15	17	19	21
正	24	2	4	6	8	10	12	14	16	18	20	22

把时辰分成初、正两部分，是近代的分法，大概是为了和西方钟表对应。"小时"就是"小时辰"之意，因为一小时只等于半个时辰。西方钟表传入我国很久以后，我国还习惯用这种方式记时。《红楼梦》里就有用这种记时法看钟表的描写。

另一种是十八"时分"法。十八"时分"是参照太阳出入的大致情况定出十八时的专名，每时八分或十分，与漏刻（一昼夜为一百刻）参用。十八时是：

夜半，夜大半，鸡鸣，晨时，平旦，日出，蚤食，食时，东中，日中，昳中，晡时，下晡。日入，昏时，夜食，人定，夜少半。

十八时是专名词，与原义并不太相应。例如"鸡鸣"不一定准是鸡打鸣的时候，它按自己的时分走，与冬夏日出早晚、鸡叫前后不十分相应。与这套专名词对应的还有一些词，如先秦两汉的人常说的"旦日"，是指"第二天的平旦时分"。

二、范围副词

表示实施动作行为的范围或数量的副词叫范围副词，又称为表数副词。它的位置一般在主语后,动词谓语前。常见的表示范围广、数量全的副词,有"皆""尽""悉""举""俱(具)""咸""毕""备""凡""率"等;表示范围小、数量少的副词,有"仅""止""第""徒""惟""独"等。例如:

①足下事皆成,有功。(《史记·陈涉世家》)——你们的事业都能办成,会有成就。

②具以沛公言报项王。(《史记·项羽本纪》)——(项伯)把刘邦的话全都报告项羽。

③担中肉尽,止有剩骨。(《聊斋志异·狼》)——担子里的肉已经卖完了,只剩下几根骨头。

④君第重射,臣能令君胜。(《史记·孙子吴起列传》)——你只管重重地下赌注,我能够使你得到胜利。

古代汉语常见的范围副词表

	表示全部	表示个别	表示概括	表示分开
古代汉语	皆、尽、共、毕、悉、咸、俱、举	独、特、但、唯、直、止	凡、大凡、率、大率、共	各、每
现代汉语译解	全、都、尽、统统	仅、只、单独	大概、总共	各、每、另外

三、程度副词

表示动作行为或事物的性质状态所达到的程度的副词叫程度副词。常见的程度副词有"最""极""甚""大""绝""益""尤""愈""稍""弥""良""殊""几""颇"等等。这类副词,用来修饰形容词的占多数,它的位置一般是在被修饰的形容词之前;如果修饰动词,通常是在"为""似"等动词以及表示心理状态的动词之前。例如:

①向河立待良久。(《史记·滑稽列传补》)——面对黄河站着等了很久。

②清荣峻茂,良多趣味。(《水经注·三峡》)——水清,树荣,山高,林茂,确实有许多情味。

③乐民者,其乐弥长。(《三国志·吴书·陆凯传》)——使老百姓安乐的,他的安乐就越发长久。

④以手拂之,其印自落,殊不玷污。(《梦溪笔谈·活板》)——用手一扒拉,那些活字就自行脱落,一点儿也不玷污。

⑤士卒皆殊死战。(《三国志·魏书·武帝纪》)——士兵们都竭尽力量拼命作战。

要特别注意"两端度"中"颇"和"仅"的含义与用法。

"颇"在古代是个能表"两端"的词，它在某种情况下表示"很，很多"，在另一种情况下表示"稍微、很少"。要根据上下文决定。例如：

①涉浅水者见虾，其颇深者察鱼鳖，其尤深者观蛟龙。（《论衡·别通》）——徒步渡过浅一点的水流只能见到小虾，渡过稍深一些的水流的就能见到鱼鳖，渡过特别深的水流的就能见到蛟龙。

②臣愿颇采古礼，与秦仪杂就之。（《史记·叔孙通列传》）——我希望能略微采用一些古代的礼制，与秦国时的礼仪结合起来，写成一部新的礼制。

③初至北营，抗辞慷慨，上下颇惊动。（文天祥：《指南录后序》）——初到北兵军营，我说话慷慨激昂，敌人上下都很惊动。

古代汉语常见的程度副词表

	轻度		比较度	最高度	两端度	
古代汉语	略、少、微	稍	差、更、愈、越、益、弥	甚、殊、尤、至、极、特、良	颇	仅
现代汉语译解	稍、稍微	逐渐→稍微	更加、越、愈、尤其	很、最、特别、非常、极	有那么一些	差不多那么多～那么一些

107

"仅"也是个表"两端"的词,它在古代通常表示"差不多有那么多",但有时也表示"差不多只有那么一点儿",要看它前后数量词的大小而定。例如:

①初守睢阳时,士卒仅万人。(韩愈:《张中丞传后叙》)——开始守卫睢阳的时候,士卒差不多将近一万人。

②凡柱赠答诗仅百篇。(白居易:《与元九书》)——总括起来,蒙您下赠给我互相酬答的诗差不多有一百篇了。

③齐王遁而走莒,仅以身免。(《史记·乐毅列传》)——齐王一溜烟逃到莒城,只逃出一条命。

注意:前两例言其多,末一例言其少。

四、情态副词

表示发生动作行为时的情态、状况的副词叫情态副词。在文言文副词中,情态副词的数量最多,应用最广。它的位置一般是在动词的前面,用来修饰动词。例如:

①我固知齐军怯,入吾地三日,士卒亡者过半矣。(《史记·孙子吴起列传》)——(庞涓说)我

一向知道齐军的军队胆怯,进入我们魏国才三天,他们的士兵就有半数逃亡了。固:副词,"本来""一向"的意思。

②今诚以吾众诈自称公子扶苏、项燕,为天下唱(同倡),宜多应者。(《史记·陈涉世家》)——现在假如把我们这些人冒称公子扶苏和项燕的队伍,向天下号召反秦,该会有很多人起来响应。诚:副词"假如""果真"的意思。

五、谦敬副词

我们在前面讲"人称代词的替代法"时已经讲过,在奴隶社会和封建社会里,等级观念很重,这种观念在语言上有强烈反映。"人称代词的替代法"是这方面的反映,谦敬副词也属于这种情况。这类副词极为特殊,它们只是一种客气的说法,并没有多少实际意义。我们要很透彻地理解古人说话时的那种情态,却不一定要翻译出来。实际上也很难译出来。

这类词常用的有:"请""敬""谨""幸""惠""辱""敢""窃""伏",等等。因为它们使用频率高,初学又不易掌握,所以下面一个个地说一说。

"请"本义为"请求",作为副词,此种意义已经极轻,可以斟酌处理,不一定翻译。例如:

城入赵而璧留秦；城不入，臣请完璧归赵。（《史记·廉颇蔺相如列传》）——如果城归了赵国，和氏璧就留在秦国；如果城不归赵国，就让我把和氏璧完整无损地带回赵国。［请：有"请让我"的意思。］

"幸"本义为得到意外的福气或好处。作为谦敬副词，表示对方的行动给了自己"意外的""不敢指望的"的好处。例如：

臣从其计，大王亦幸赦臣。（《史记·廉颇蔺相如列传》）——我听了他的话，也幸蒙大王赦免。

"惠"表示对方的行动是对自己好意。带有"蒙您好意"之意，今书面语有"惠赠""惠存""惠顾"。

"辱"表示对方为自己做了某件事似乎是降低了身份，受了侮慢。例如：

曩者辱赐书。（《司马迁：《报任安书》》）——前些时候，承蒙您写给我一封信。

"敢"表示自己做事是冒昧、大胆了。如"敢问"是冒昧地问、大胆提问之意。

"伏"是象征性地表示对对方发言不敢仰视，表达对对方极为尊敬之意。常与它联在一起用的动词有"唯""计"等。

"谨""敬"表示谦敬之意极明显，前者表示自己采用慎重的态度，后者表示对对方采取尊敬的态度。这两个词在现代书面语中还常用，如"谨赠""谨启""敬请""敬告"等。

第九讲 古代汉语的介词和连词

介词起组合作用，连词起关联作用，都表示句子内部或句子之间的各种关系。古代汉语中的一些词既可以作介词，又可以作连词。

介词用在名词、代词或名词性词组之前构成介词结构。介词结构在句中通常用来修饰动词或形容词，表示动作、行为的处所、时间、使用的工具和形成的原因等；连词用来连接词、词组和句子，表示句子和句子以及各种成分之间的关系。古代汉语介词和连词的用法比现代汉语要复杂一些，这里不可能全面介绍，只选择较常见的着重说明。

一、于（於）

介词"于"（古书上大多写作"於"）在古代汉语里用得很普通，表示的关系相当繁复。总的来说，其主要用法大致可以分为以下三种：第一种，介绍动作发生的地点、时间；第二种，介绍比较的对象；第三种，介绍行为的主动者。我们在这里先讨论前两种。最后一种留待"被动句"中去研究。

介词"于"介绍动作发生的地点（包括动作所关联的对象），跟现代汉语的某些介词如"从""在""向""对"

等有些不同。"于"字的含义比较广泛，它只介绍了动作的位置，而不包括方向。所以我们在理解文意和翻译时，就要根据它所介绍的地点和动词谓语的关系，选用适当的现代汉语的介词。如：

①亮见权于柴桑（《资治通鉴·汉纪》）——诸葛亮在柴桑进见孙权。

②窥头于牖。（《新序·杂事》）——从窗户探头进来。

③事急矣，请奉命求救于孙将军。（《资治通鉴·汉纪》）——事情紧急了，请求带着您的命令去向孙将军求救。

④肃追于宇下。（《资治通鉴·汉纪》）——鲁肃追到屋檐下。

⑤今为君计，莫若遣腹心自结于东，以共济世业。（《资治通鉴·汉纪》）——现在为您着想，不如派遣一个亲信的人自动地去跟东吴结成联盟，来共同完成当代的大事业。

⑥古人之观于天地山川草木虫鱼鸟兽，往往有得。（王安石：《游褒禅山记》）——古时候的人对于天地山川草木虫鱼鸟兽的观察，往往有收获。

介词"于"介绍动作发生的时间，跟现代汉语的某些介词也不一样，有时它只是介绍动作发生的时间，而不包括

起止、趋向等。所以我们在理解文意和翻译时,也要根据它所介绍的时间和动词谓语的关系,选择适当的现代汉语的介词。如:

> 自吾氏三世居是乡,积于今六十岁矣。(柳宗元:《捕蛇者说》)——自从我们这一家三代住在这个乡以来,算到现在总共有六十年了。

一个事物的特性、情况要和另一事物进行比较时,常常用"于"字介绍出比较的对象。例如:

> ①人固有一死,或重于泰山,或轻于鸿毛。(司马迁:《报任安书》)——人总是要死的,有的就比泰山还重,有的就比鸿毛还轻。〔死得重,死得轻,这两种情况要进行比较时,"于"就介绍出比较的对象"泰山"和"鸿毛"〕
>
> ②青,取之于蓝,而青于蓝。(《荀子·劝学》)——青颜色是从蓝草里提取出来的,但是比蓝草还青。〔青颜色的特性"青",当要进行比较时,"于"就介绍出比较的对象"蓝草"。〕

由"于"字组成的介宾词组用在形容词后,除了介绍比较的对象外,还有一种作用,就是介绍某特点(即形容词所表达的内容)发生在哪一方面,或由于何种原因造成的。如：

①屈原者，……博闻强志，明于治乱，娴于辞令。(《史记·屈原贾生列传》)——屈原这个人，广泛地学习，努力地记诵。在政治上有敏锐正确的眼光，在文学与应对方面很擅长。

②业精于勤，荒于嬉。(韩愈：《进学解》)——学业由于勤奋而精通，由于玩乐而荒废。

"于"的凝固形式中，最常见的有"于是"和"至于"。"于是"一般表示"在这里"或"在这时"的意思。例如：

吾祖死于是，吾父死于是。(柳宗元：《捕蛇者说》)——我的祖父死在这件事上，我的父亲也死在这件事上。〔"死于是"，死在这件事上头。它指"这件事"，但含有"……上头"的意思。〕

"于是"还有一种特殊用法，表示"这才"、"这就"的意思，并常和"乎"字结合起来使用。例如：

孟尝君使人给其食用，无使乏。于是冯谖不复歌。(《战国策·齐策》)——孟尝君派人供应冯谖的生活需求，不使他有什么困乏。这时，冯谖才不再唱歌了。

"至于"通常作"到"讲。例如:

　　至于今二十年矣。(马中锡:《中山狼传》)——到现在二十年了。

除此,"至于"还有两个作用。一个作用是指示一件事情的程度。例如:

　　今事至于此,为之奈何?(《战国策·楚策》)——现在事情发展到这个地步,怎么办呢?

另外一个作用是表示另提一事,相当于"要讲"的意思。这种用法还保留在现代汉语里。

二、为

介词"为"是由动词转化而来的,原来的意义是"做",引申为"当作""作为""变成""成为""算作""算是"等等,并由此转化为"给""替"之类意义。例如:

　　①公为我献之。(《史记·项羽本纪》)——您替我献给他们。

②项羽大怒曰:"旦日飨士卒,为击破沛公军。"(《史记·项羽本纪》)——项羽大怒,说:"明早让士兵们好好吃一顿,给我打败沛公的军队。"

③为之奈何?(《史记·项羽本纪》)——对于这种情况怎么办?

④不足为外人道也。(陶渊明:《桃花源记》)——(这件事)不值得对外面人说。

⑤天行有常,不为尧存,不为桀亡。(《荀子·天论》)——自然的运行有自己的规律,不因为尧(圣君)而存在,不因为桀(暴君)而消失。

"为"还有一种引进行为动作的主动者的特殊用法,我们留待"被动句"中研究。

三、以

"以"本为动词,原意是"用""拿来"或"认为"。它常用作介词于连词,又以介词用法为常。在用作介词、连词的时候,动词的本义还隐约地存在其中。

"以"字作为介词,它后面一定带有一个名词或者词组。"以"字和它后面的名词或词组组成一个介宾词组,"以"字后的名词或词组即是"以"字的宾语;整个介宾词组用来修饰动词谓语,表示动作行为所使用的工具,凭借的条件,所强调的对象,形成的原因等。一般说来,当"以"

用来表示动作所使用的工具时,可以译成"用""拿"等等;当"以"字用来表示动作所凭借的条件时,可以译成"凭""靠"等等;当"以"用来表示动作所强调的对象时,可以译成"把""将"等等;当"以"用来表示动物形成的原因时,可以译成"由于""因为"等等。例如:

①以子之矛,陷子之盾,何如?(《韩非子·难一》)——拿你的矛,刺你的盾,怎么样?

②以三保勇而多艺,推为长。(徐珂:《冯婉贞》)——因为冯三保勇敢和有武艺,就推作头领。

③不以物喜,不以己悲。(范仲淹:《岳阳楼记》)——不因为外界环境而高兴,不因为个人得失而悲哀。

④文以五月五日生。(《史记·孟尝君列传》)——田文于五月五日出生。

要注意的是,"以"字后边的宾语如果是个表示官职、身份、地位的专名词,那这个介宾词组的意思就是"凭着(以)……的身份"。在这一点上,初学者很容易理解错,要牢记。例如:

翌日,以资政殿学士行。(文天祥:《指南录后序》)——第二天,(我)凭着资政殿学士的身份前往。

"以为"是个凝固形式,可以译为"认为""把……当作",一般用来表示存在于观念中的事物。但在"以……为……"的格式中,"以""为"之后的两个宾语是人名、职称时,则表示"派"某人去"做"客观上存在的工作。这一点也容易使初学者迷惑,要注意。例如:

①或以为死,或以为亡。(《史记·陈涉世家》)——有的人认为(项燕)死了,有的人认为(项燕)逃亡了。

②吴广以为然。(《史记·陈涉世家》)——吴广认为对。

③必以长安君为质,兵乃出。(《战国策·触龙说赵太后》)——一定要将长安君作人质,军队才肯派出。

④以吴叔为假王。(《史记·陈涉世家》)——派吴广作代理楚王。

"以"字还作连词用,连接两个并列的词语,或连接状语与谓语。这时,它的用法和"而"一样,可以互换。这可能是由于"以"和"而"语音相近(同韵)而产生的一种同音代替现象;它也可能是避免重复的一种修辞用法(特别在骈文之中);也可能是某些作者的习惯。例如:

①夫夷以近则游者众,险以远则至者少。(王安

石:《游褒禅山记》)——平坦而且近,游的人就多;危险而且远,到的人就少。〔"以"连接两个并列谓语。〕

②予与四人拥火以入。(王安石:《游褒禅山记》)——我和其他四个人打着火把进去〔"以"字连接状语和动词谓语。〕

四、与

"与"本为动词,意为"加入""参预""在一起""同意"等,转化成介词与连词,仍带有这些意义,可以译为"和""同""跟""给""替"等。至于"与"究竟在哪些情况下是连词,在哪些情况下是介词,对初学者倒并不重要,因为它们的意思(译法)差不多。若要区别,那么,可以主要根据词与词之间的关系,并联系上下文意来判断。无论介词或连词,都不能单独作句子的成分。但是,介词后面带有宾语,组成介宾词组,它就能作状语或补语,修饰动词谓语;而连词只能在词与词、句与句之间起连接作用,这些词或词组在句中是什么成分,是由它们本身在句中的地位来决定,并不是连词作用的结果。例如:

①公与之乘,战于长勺。(《左传·庄公十年》)——鲁庄公和他(曹刿)同坐在一辆车里,在长勺作战。

②遂与鲁肃俱诣孙权。(《资治通鉴·赤壁之战》)——(诸葛亮)便同鲁肃一起去见孙权。

③陈涉少时,尝与人佣耕。(《史记·陈涉世家》)——陈涉年轻的时候,曾经给人家当雇农种地。

④子布、文表诸人,各顾妻子,深失所望,独卿与子敬与孤同耳。(《三国志·周瑜传裴注》)——(孙权说)张绍(字子布)、秦松(字文表)等人,只顾自己的妻子儿女,(怀着许多私心杂念)非常辜负我的期望,只有你(周瑜)和鲁肃跟我的见解相同罢了。

注意:"与"作为动词也常在句中出现。例如:

项王曰:"壮士!赐之卮(zhī)酒。"则与斗卮酒。(《史记·项羽本纪》)——项王说:"好一位壮士!赏他一杯酒。"(侍从的人)就给他一大斗酒。〔"与"在这里是动词。〕

五、而

连词"而"在文言中使用得非常广泛,用法也相当灵活,有些用法直到今天的书面语言中还保留着。从翻译的角度看,初学者要注意的是:译全句时宁可不译出(在许多情况下都可以不译出），也不要随便译为"而且"。

下面谈谈"而"的种种用法与译法：

（一）表示顺接关系——连接的两项，意思密切相关、相承或递进，可译为"就""便""来""而且"等，有时也不必译出。如：

①号呼而转徙，饥渴而顿踣。（柳宗元：《捕蛇者说》）——（乡邻们）哭喊求救，辗转迁移，挨饿受冻，劳累得倒下去。

②视其缶，而吾蛇尚存。（柳宗元：《捕蛇者说》）——看看那个瓦罐子，我的蛇还在里面。

（二）表示转折关系——连接的两项，前后意思相对或相反，可译为"却""但是""可是""然而""反而"等。如：

①至之市，而忘操之。（《韩非子·外储说左下》）——等到去集市（买鞋），却忘了带尺码。

②后狼止而前狼又至，骨已尽矣！（《聊斋志异·狼》）——后面的狼停住了，可是前面的狼又追上来，（担中）骨头已经没有了！

（三）表示并列关系——连接的两项，前后意思平列，可译为"又……又……"，有时不必译出。如：

①贪而狠,党豺为虐。(马中锡:《中山狼传》)——(狼的性情),又贪婪又狠毒,跟豺结伙干坏事。
②永州之野产异蛇,黑质而白章。(柳宗元:《捕蛇者说》)——永州的野外出产一种奇怪的蛇,黑色的身体,白色的花纹。

(四)表示假设关系,可译为"如果""假如"。如:

诸君无意则已,诸君而有意,瞻予马首可也。(徐珂:《冯婉贞》)——诸位不想(保卫村子)就算了,大家如果有这个意思的话,看我的马头所向行动(即听从我的指挥)就可以了。

(五)表示偏正关系——连接状语和中心词,可译为"着""地""来",有时不用译出。如:

①河曲智叟笑而止之……(《列子·汤问》)——河曲智叟笑着阻止他……
②朝而往,暮而归。(欧阳修:《醉翁亭记》)——早晨去,傍晚回来。

六、则

"则"是个典型的连词,主要起关联作用。它连接的两部分在逻辑上有紧密联系,在时间上也紧紧相连。一种是表示时间相继,连接的两事,后一事继前一事发生,一般可译为"就"。例如:

药稍熔,则以一平板按其面,则字平如砥。(《梦溪笔谈》)——等药物(指松脂、蜡等)略微熔化时,就用一块平板按在铁框面上,那么字模板面就平得像磨刀石一样。

另一种是推溯时间,连接的两事,后一事发生在前一事之先。一般可译为"原来(已经)""原来是"。例如:

①罴闻而求其类,至则人也(柳宗元:《罴说》)——罴听见叫声便去找它的同类,到那儿一看,原来是个人(在那里学罴叫)呢。〔"人"在那里学罴叫这种情况,事实上发生在罴"至"这个动作之前。〕

②临视,则虫集冠上。(《聊斋志异·促织》)——凑近一看,小促织早已落在鸡冠上了。〔"虫集冠上"发生在"临视"之前。〕

还有一种是测度未来情况，连接的两事，前一事是假设条件，后一事是测度的结果。一般可译为"那么""那就"。例如：

②三十日不还，则请立太子为王，以绝秦望。（《史记·廉颇蔺相如列传》）——（廉颇说：）如果大王三十天不回来，那就请允许我立太子为王，以便断绝秦国要挟敲诈的欲望。

①战则请从。（《左传·庄公十年》）——如果打仗，就请让我随你同去。

有时表示几种情况的比较，和现代汉语的"就"相当。如：

桔生淮南则为桔，生于淮北则为枳。（《晏子春秋》）——桔树生长在淮河以南就是桔树，生长在淮河以北就是枳树。

有时表示的意思的转折，和现代汉语的"却""可是"相当。如：

①北虽貌敬，实则愤怒。（文天祥：《指南录后序》）——元人虽然表面上尊敬我，实际上却十分恼火。

②至则无可用，放之山下。（柳宗元：《黔之驴》）——（把驴）运到了，可是没有什么用处，于是把它安置在山脚下。

总之，"则"多用于表示承接，其中除了推溯时间的以外，多数是假设条件关系。有时虽不明显，但细细推敲，还是含有假设的意味。

"则"用于表示承接跟"而"用于表示承接，所表述的语气不一样，如"入楚而盗"跟"入楚则盗"相比，用"而"是一般叙述的语气，用"则"就显然有所强调，即强调前事是后事的前提，变成论断的语气。有些表示对比的句子，只用一个"则"，含有转折的意味，如"其言若是，其行则若彼"，"则"相当于"可是"或"却"，要是换上"而"，说成"其言若是，而其行若彼"，语气也有强弱的不同。吕叔湘先生说，"而"字是圆的，软的，"则"字是方的，硬的（《文言虚字》）。这大概也是就"则"和"而"所表达的语气说的吧。

第十讲 古代汉语的
语气与语气词

  这一讲谈一谈古代汉语的语气和语气词

  句子语气，照吕叔湘先生的说法，"主要可以分成表示疑问和表示无疑问两大类。此外，有表示请求或命令的，有表示情绪的，有表示说话停顿的，也都可以算作语气"。（见《语法学习》）这样，句子的语气就可以分为陈述、疑问、感叹、祈使四种。

  表达语气，一般用语气词。古代汉语和现代汉语都是如此。但是，我们要注意：

  （一）除了语气词之外，其他一些虚词如疑问副词、范围副词、否定副词、某些代词以及叹词等等，在表达语气方面也相应地起作用。所以，句子的语气并不是全由语气词来表达的。

  （二）古代汉语和现代汉语各有一套语气词，毫不相同。

  （三）古代汉语的语气词常用，而现代汉语不常用。相对地说，现代汉语的句子加上语气词以后，语气常常显得激烈，而古代汉语的句子，也许是因为经常使用语气词，在加上语气词以后，有时语气也并不像现代汉语那样激烈。如果每个语气词都对应译出，用现代汉语一读，就显得慷慨激昂。所以，对译时要掌握分寸，有时可译出，有时则不必译出。

古代汉语中使用频率高的语气词也就是那么十来个。其中的疑问语气词将在后面学到。由于语气词是古代汉语中最典型的虚词，本讲又是有关古代汉语虚词的最后一讲，所以想在这一讲里先谈谈我们对学习古代汉语虚词的一些想法，然后再讲讲几个重要的语气词"也""矣""哉""耳""夫"等。

无论在理论上或实用上，自古以来，对古代汉语虚词的研究都占有重要位置。古人在这方面作过不少有价值的探讨。《说文解字》中把虚词称为"词"，如"矣，语已词也"。可见已经能够初步地把实词和虚词区分开了。两千年来，学者们对虚词的研究逐步深入。如王引之的《经传释词》对虚词作了详尽的分析；《马氏文通》根据西洋语法给古代汉语划分了词类，虚词也被分得更为细致。但这两部书基本上还是采用了条分缕析的办法，而缺乏对这些虚词的用法的概括说明。近代的一些研究虚词的著作，如杨树达先生的《词诠》，裴学海先生的《古书虚字集释》，这些具有代表性的著作虽然在分析上比前人更为精审，举例更为典型，而且有不少独到的见解，但在研究方法上似乎并没有超越王引之和马建忠的藩篱。

我们觉得，以上的研究方法是值得商榷的。因为，这样不能很好地归纳出语法规律。从实用方面看，让初学者记住许多细则，不但枯燥费力，而且显得头绪纷繁，得不到一个概括的认识。我们认为，一个纯粹的虚词总是没有词汇意义而只有语法意义的。要掌握虚词，就必须掌握其语法意义。当然，这是一项非常艰巨的工作，需要把大量语言现象加以比较、分析、综合，最后进行归纳。归纳出的结果一定会是比较简单的、互不矛盾的，这样，既便于理解，也便于掌握。本着这种认识，我们试以语气词"也""矣""哉"等为例，谈谈个人的初步意见。

一、也、矣

先谈"也"字。《经传释词》把它的作用归纳为七种，采用的是以虚词解虚词的办法，如"也"，"犹'矣'也""犹'者'也""犹'邪'也、'欤'也、'乎'也"等等。《词诠》和《古书虚字集释》的办法类同。这种方法是有缺点的。初学者如果体会不到这些解释下面所列语句的精微之处，就很容易把许多虚词混同起来。

下面谈谈我们对"也"的看法。

我们认为，"也"字是用于古汉语判断句句尾的一个重要的虚词。上古汉语判断句的基本结构是，名词性的主语和名词性的谓语一前一后放在一起，中间并没有相当现代汉语系词"是"的联系性词语，它们是靠所谓"意合法"来表示的，如"虞卿，赵人"。这样的形式有时很可能被误解为并列结构，因而古人常在判断句中加些标志性的词，指明主语和谓语。这标志性的词在主语后面的是"者"，在谓语后面的是"也"，如"廉颇者，赵之良将也"。这个"也"字的作用是什么呢？有什么语法意义呢？首先，我们注意到它是一个标志性的词，它表明这个名词性的词语是谓语而不是别的成分。其次，更为重要的是，判断句的作用是把两种客观事物间的等同关系表现出来，或肯定，或否定。从逻辑上说，就是肯定或否定主词和宾词间的关系。根据逻辑上的要求，这个关系一定要明确、固定、丝毫不能含糊，特别是宾词对主词的关系更必须明确、固定、不能含糊。在上古汉语判断句中，"也"字跟在名词性谓语之后，除了标志作用以外，更重要的恐怕应该是表现一种肯定、确定不移的语气。而且，由于古汉语中其他虚词不用于判断句句尾，这就能比较地看出"也"字的语法意义来：它表达一种肯定的、确定的语气，表现一种固定的、不变的情况。我们用这点来衡量一下它在其他句型中的作用，几乎无不吻合。

"也"字用于叙述句，例如：

①环滁皆山也。（欧阳修：《醉翁亭记》）——环绕着滁州四面全是山。

②三军可夺帅也，匹夫不可夺志也。（《论语·子罕》）——部队，可以改换统帅；可是对一个志向坚定的人是不能使他作原则性改变的。

③饮少辄醉，而年又最高，故自号曰醉翁也。（欧阳修：《醉翁亭记》）——喝一点酒就醉，年岁又最高，所以自称"醉翁"啦。

④今有一窟，未得高枕而卧也。（《战国策·齐

策》）——现在只有一处洞窟，还不能高枕而卧呢！

叙述句总是叙述一件事实，或是叙述事实与事实间的种种关系。在叙述句中用"也"，主要是为了加强句中所述事实的确切性、真实性，或是把句中所叙述的事实与事实间的关系确定下来。如例①中"也"字的作用就是确定、强调"环滁皆山"这个事实，并把它固定下来。例②中的"也"字是把由于"饮少辄醉，而年又最高"这个原因而引起"自号曰醉翁"这个结果肯定、固定下来。其他例句可以类推。在这里，依然是上述"也"的语法意义起的作用。

"也"字用于祈使句中，这种语法意义就更为明显。祈使句包括祈使、禁止两大类型。"祈使"是希望对方去做某些事情，是促使对方行动；"禁止"则是不让对方行动。"也"字的语法意义是要固定一种情况，而绝不是促使某种情况得到发展，因此，"也"字在祈使句中一般用来表示禁止。例：

①寡人非此二姬，食不甘味，愿勿斩也。（《史记·孙子吴起列传》）——我要是离开了这两个女人，就吃不下饭，请您别杀她们吧。

②愿先生勿泄也。（《史记·刺客列传》）——希望您不要泄漏。

和"也"相对的是"矣"。"矣"字总是用来表示一种活动的、进行的情况，因此，祈使句中用来表示"祈使"的常用"矣"。两相对比，它们语法意义的相对性质更为明显。当然，"也"有时也能表示一种"祈使"语气，特别是春秋战国时代，常在一个单音动词后面加一"也"字，表示最强烈的祈使或命令。试比较"行矣"和"行也"。"行矣"是一般的祈使语气，有促使对方去实现"行"这种动作的意味；而"行也"则是肯定了"行"的必要，实在还带有些不满口吻，是在代替对方确定，所以一般都用在对方犹豫不决，而自己的愿望又很强烈的情况之下。再举一例，如："子犯曰：'战也！战而捷，必得诸侯；若其不捷，表里山河，必无害也。'"（《左传·僖公二十五年》），这里是晋文公患得患失，总也下不了作战的决心，他的部下则跃跃欲试，求战心切，所以子犯才以长辈身份（他是晋文公的舅舅）说出这样不合尊卑（他又是晋文公的臣子）之礼的话。"也"字在这里依然是确定了"战"，带有非打不可的意味。用前面我们概括出的"也"字的语法意义来说明这种句型中"也"字的作用，就更能使人体会到那种气势虎虎的意味。

我们再看"也"字在疑问句中的作用，这是本文中所要讨论的关键性问题。王引之说："也，犹'邪'也、'欤'也、'乎'也。"可见，他认为"也"字是可以表示疑问语气的。对此，历来的语法学者基本上没有不同意见。我们觉得，说"也"有疑问语气是不妥当的。"疑问"就是不肯定，确定不了，固定不下来。若承认"也"字有疑问语气，就与我们前文归纳出的"也"字的基本语法意义有矛盾。因为我们不能想象,同一个词,既可以表示肯定,又可以表示疑问。我们前文归纳出的"也"字的语法意义能否成立,就要靠它在疑问句中的作用来检验了。下文试作分析。

(一)一般来说,古汉语中的疑问句必有疑问词,它或是疑问代词,如"谁""何";或是疑问语气词,如"乎";或是一些带有副词性,能起疑问商量作用的词,如"岂""其"。古人表达贵简练,在一个疑问句中,一般只用一个疑问词就够了。用了疑问代词,就可以不用疑问语气词;有了"岂""其",连疑问代词或疑问语气词都可以不用。值得注意的是,"也"字一般不单独地用在疑问句中,它要和上述的疑问词连在一起用。实际上,表示疑问作用的是那些疑问词,"也"字只是把这个疑问固定下来罢了。例如:

何为不去也?(《礼记·檀弓》)——为什么不离开此地?

这是"也"字用在疑问句中的通常情况,它仍然带有肯定、确定的语法意义。

(二)有些疑问句中没有疑问词,但有"也"字,这样的句子是选择问句。例如:

①不识臣之力也?抑君之力也?(《韩非子·难

二》）——不知道是臣子的力量，还是国君您的力量？

②岂吾相不当侯邪？且固命也？（《史记·李将军列传》）——是不是按我的相貌不应该封侯，还是命运所致呢？

在上述例句中，如果去掉了"也"字，仍可以构成选择性疑问。可见"疑问"是由选择问本身决定的，"也"字在这样的句子中并不表示疑问语气。我们认为，这里的"也"字仍然起的是肯定、加强作用。在选择问句中，古人还常常把不应选择的那句加上疑问词（通常是疑问语气词），希望对方选择的另一句，加上"也"字。这样做，是希望通过对比，使提问者的愿望更加明确，如例②即是。这样的例子很多，还可以再举两个：

①足下欲助秦攻诸侯乎？且欲率诸侯破秦也？（《史记·郦生传》）——您要帮助秦国攻打诸侯各国呢？还是统率诸侯各国攻打秦国呢？

②公以为吴兴兵，是邪？非也？（《史记·淮南王传》）——您认为吴国起兵造反这件事对呢，还是不对呢？

后一句可与《汉书·外戚传》中的"是邪？非邪？立而望之，偏何姗姗其来迟！"对比。那一句是汉武帝朦胧中见到了已故李夫人的身影时所说的话，他当时模模糊糊，既不能肯定，又不能否定，故用"是邪？非邪？"表示疑信参半。而上文《淮南王传》中的一句，谈话者知道对方的主观愿望是不希望打仗造反，怕打仗造反，所以把揣测对方意图放在"非也"上面。由上面的分析可以看出，"也"字在选择问句中仍是表示肯定的语气。

（三）也有一些特例不属于前述两种情况，如：

①子张问："十世可知也？"（《论语·为政》）——子张问道："今后十代的礼仪制度可以预知吗？"

②子都子曰："冬日则饮汤，夏日则饮水，然则饮食亦在外也？"（《孟子·告子上》）——子都子说："冬天就喝开水，夏天就喝凉水，那么，难道饮食也不由本性，而是外在性的吗？"

首先应该指出，这样的例子极少，而且多产生于春秋战国时期，两汉以下古文很少见到这种特例。其次，即使这些特例也不能动摇我们的结论。因为它们有以下的特点：多半出现在对话中，一人问一人答，联系上下文来看，其问句的意义自明。有的还明显地标出"问"字，如例①；即使不用"问"字，由于下文中回答了问题，上文之为问句也就不言而喻了。更重要的是：这样的句子里一般总有一个助动词或表示推测、商量、推论等的关联性词语，如上述例句中的"可""然则"，疑问语气应该说是通过它们表现出来的。这样的疑问句往往是提问者确定一种情况，"也"字在这里正是起着确定、肯定这种情况的作用。

（四）也可以从古代语气词的习惯用法方面加以证明。古人重精炼，语气词一般只用一个。如句尾连用几个，必然各有作用，绝不累积重复。我们从未见过"耶"和"乎"连用，但我们却常见"也"字后面加疑问语气词。如：

①我果是也，而果非也耶？（《庄子·齐物论》）——我的认识果然对吗？你的认识果然就不对吗？

②唯求则非邦也与？（《论语·先进》）——那么，冉求所讲的就不是国家吗？

由此也可以看出，"也"字是确定、肯定这个问句内容的，而构成问句的则是另外的语气词。

综上四点可以看出：古人在把"也"字用于疑问句中时，并不是用它作为疑问词，而是用它确定句子中所叙述的内容。有"也"字的疑问句一定从别的方面、用别的词语或各种特殊句型来表明其疑问性质，而不把"也"字牵连在内。

下面再看看用在句中的"也"字。"也"字用在句中，总是跟在某种语法成分之后。如：

①柴也愚，参也鲁，师也辟，由也喭。（《论语·先进》）——高柴愚笨，曾参迟钝，颛孙师偏激，仲由卤莽。

②子曰:"赤之适齐也,乘肥马,衣轻裘。吾闻之也,君子周急不继富。"(《论语·雍也》)——孔子说:"公西赤到齐国去,坐着由肥壮的马拉的车,穿着轻暖的皮大衣——我听说过:君子人只周济急难,不去给阔人添彩头。"

这两句话中"也"字的作用是:第一,它强调前面的成分,其本身就有肯定、确定作用;第二,暗示句子未完,要对方注意下文的判断或说明。实际上,第一、第二只是一个问题的两个方面,我们应该把它们合起来看。因此,我们说,"也"在句中仍有确定、着重的意味,不过它作为标志的性质更明显些罢了。要说明的是,这种标志也是确定性的。

以上的分析启发我们在语法研究中要注意一个问题,即我们所归纳出的语法意义应该具有最大的概括性,是概括了这个词在所有句型中的用法,经过高度抽象而产生的,它本身是不容许出现矛盾的。应用这种概括出的语法意义,反过来去观察语言现象,指导初学,勇于实践,就能提纲挈领,举一反三了。

下面在谈"矣"字。吕叔湘先生对"矣"字的语法意义作过一个精当的说明:

"矣"字也是文言常用的语助词,也是可用于直陈、感叹、命令等各种语气,只有疑问语气不用"矣"字。

"矣"字用于直陈语气,和"也"字大有区别。简单地说,"也"字是静性的语助词,表本然之事;"矣"字是动性的语助词,表已然或将然之事,即经过一番变动而成之事。"矣"字比"也"字容易懂,因为白话里有一个"了"字和它大体相合。(《文言虚字》)

吕先生把"也""矣"对比看,这是非常正确的。《淮南子·说林训》中就说过"也之与矣,相去千里"。可见古人就认识到"也"和"矣"是相对的语气词了。我们确切地了解了什么是"也",就更能确切地了解什么是"矣"。照我们看,"矣"字最基本的语法意义恰巧与"也"相对,它永远表示一种活动的情况。所谓活动,就是指事物在运动中、发展中,它是不够固定的,不够确定的。

前文已经说过,这样的情况在祈使句中最为明显,因为祈使和命令一般总是推动对方去进行某种活动或实现某种新情况,所以用"矣"字最为切合。还可以再举两个例子:

①先生休矣!(《战国策·齐策》)——先生您休息去吧!

②往矣!吾将曳尾于涂中。(《庄子·秋水》)——罢了!我将要像龟一样在泥泞的道路上奔拉着尾巴慢慢走。

此外,我们还可以看到一个有趣的现象,那就是:在以数词作谓语的句子中,常用"矣"作语气词,如"年十五矣"。去年十四,今年十五,明年就该十六了。古人是从发展中观察数字的，因而用"矣"，而从不说"年十五也"。

我们还可以看到，"矣"字一般不用于判断句句尾，这是因为判断句总是确定一种情况，和"矣"字的语法意义发生矛盾的缘故。"矣"字用于疑问句中，那是希望对方把事物的活动着的、进行着的情况告诉自己，如"年几何矣？""事将奈何矣？"需要注意：这里表示疑问的，也是那些疑问词，而不是"矣"字。这和"也"字不表疑问是相似的。

"矣"字用在叙述句和描写句里，它的语法意义也是如此。如：

①秦王后悔之，使人赦之，非已死矣。(《史记·老子韩非列传》)——秦王后悔了，派人去赦免韩非，可是韩非已经死了。

②国危矣！(《左传·僖公三十年》)——国家危险了！

由此，又使我们看到在虚词研究中的另一问题，即传统的以词解词的方式是不妥当的。典型的如《经传释词》。它在"也"字下说："也，犹'矣'也。"在"矣"字下又说："矣，犹'也'也。"这样把两个语法意义截然不同的虚词竟然等同起来，只能造成初学者的不解、误用。我们知道，严格地说，在实词研究的范畴里，绝对的同义词是不存在的。在虚词研究的范围里也是如此。虚词无词汇意义，但每个虚词都有它不同的语法意义。我们要深入研究的正是每个虚词的独特的语法意义,才能确切地、深入地说明它们在有限句型中、处在相同地位上的不同的作用。句型有限而虚词甚多,有时,许多虚词能放在同一句型的同样地位上,我们能否就说他们可以相互取代呢?如按以词解词的传统办法来引申推论,似乎是可以的。然而我们觉得不能这样做。例如,"今有一窟,未得高枕而卧也"(《战国策·齐策》)和"三窟已就,君姑高枕为乐矣"(同上)。前一例,说明虽有一窟而情况未变,所以用"也"字煞句;后一例,说明三窟已就,产生了新的情况,可以去进行"高枕而卧"这件事了。如果在这里把"也""矣"混用,那么就体会不到这两句话里的精微的语气区别了。

二、专表感叹的语气词"哉"

在谈"哉"字。历来的学者们认为"哉"字既有感叹语气也有疑问语气。我们认为,"哉"字本身并不表示疑问语气。理由很简单:带"哉"字的疑问句一般都有疑问词,或有疑问作用的助动词等,疑问语气是由这些词表现出来的。"哉"字只是一个纯粹的感叹语气词,它在古汉语的虚词中是感叹意味最强烈的。它表示对于事物的现况的一种强烈的惊讶,以及因惊讶而引起的叹息。"哉"字的语法意义如此而已。它无论用在句中句末,无论用在哪种句型里,这样的语法意义是不变的。说"哉"字有疑问语气,恐怕是不妥当的。我们可以选几个例句来看看：

①高祖急，顾丁公曰："两贤岂相厄哉？"（《史记·季布栾布列传》）——高祖十分紧张，回头对丁公说："两位高人哪能互相拆台呢？"

②君位为相国，功第一，可复加哉！（《史记·萧相国世家》）——您已居相国的地位，功列第一，没法再升级了。

③天实为之，谓之何哉？（《诗经·邶风·北门》）——实在是天老爷的意思，还说什么？

④人焉廋哉，人焉廋哉？（《论语·为政》）——人们哪能隐藏住什么呢？人们哪能隐藏住什么呢？

⑤不识此语诚然乎哉？（《孟子·万章上》）——不知道这话是否真是这样？

例①、例②中有"岂"和"可"表商酌，例③、例④有"何""焉"等疑问代词，足证"哉"字在这些句子里不是负担"疑问"语气的。例⑤则"乎哉"连用，"哉"字在这个句子里所起的感叹作用就更为明显了。同时，这些句子又都带有强烈的感情，这些感情色彩是谁赋予的呢？无疑的是"哉"。关乎例⑤之所以要"乎哉"连用，此意自明。因此，我们说，"哉"字虽用在疑问句中，却是不表示疑问的，它是个表"感叹"的词。

我们以上举了古代汉语中的三个有代表性的虚词，并对它们进行了初步分析，目的是以此为例，说明以下两个问题：

（一）在虚词研究中，如果停留在各个虚词在各种句型中的用法的分析上，还是不够的。这样的分析往往容易就事论事，不能做到高度概括。这样做，也不利于我们正确地掌握虚词。我们要把虚词的研究提高到对每个虚词的语法意义的确切认识上来，并在此基础上进一步归纳出古代汉语和现代汉语虚词的语法特点。我们要从大处着眼，小处着手。要建立起一个完整的虚词体系，间架结构是重要的，而宏伟的结构却要从一砖一瓦的陶冶、磨砺开始。

（二）在虚词研究中，以词解词的方式是古人受时代限制的必经阶段。这个方式有不少流弊，到了现在，已经影响了我们对虚词的进一步研究。我们不应该再用这种方式。至于他们积累的许多经验，搜集和解释的许多一般与特殊的语法现象，却是我们应该细心加以体会，取其精华，来丰富我们自己的研究的。

三、耳、夫

"耳"很像是个不正规的"也"。它和"也"都表示一种确定、确认的语气。可是，"也"的确定、确认是正式的、严肃的，"耳"则带有"不过是这样"的意味。它表示这句话的内容"仅此而已"，"不算回事"，或"本来就是那么一回事（带有自己早已明白而听者却还不明白的意味）"。它可以用"罢了"或"呢"来对译。

①直不百步耳,是亦走也。(《孟子·梁惠王上》)——只不过没有跑到一百步罢了,但这也是逃跑呀。
②从此道至吾军,不过二十里耳。(《史记·项羽本纪》)——从这里到我的军营,不过二十里罢了。
③且壮士不死即已,死即举大名耳!(《史记·陈涉世家》)——再说,好汉不死便罢,死就得搞出个大名堂呢!

表达较轻的感叹语气的是"夫"。

"夫"字用于句尾,表现一种有克制的、带思考意味的感叹,与"哉"的迸发强烈感情不同。例如:

①今若是焉,悲夫!(柳宗元:《黔之驴》)——现在弄到这样的下场,可悲呀!
②先生窃念:"天色向晚,狼复群至,吾死矣夫!"(马中锡:《中山狼传》)——先生暗想道:"天色快要黑了,狼要是再成群到来,那我就死了啊!"

第十一讲 古代汉语的词类活用

　　词的语法分类称为词类。根据词的词汇意义、语法意义、句法功能等，可以把词划分为若干类，如名词、动词等。一个具体的词又可以从一类词变成另一类词，这种转变叫作转化。例如："以被覆之"的"被"是名词，"光被四表"的"被"是动词，"以过被上所诛"的"被"则是表被动的介词。有的语言，如印欧语系的语言，词类转化有明显形态变化标志。汉语，特别是古代汉语，则缺乏这种标志，要在句子里结合上下文观察。词类转化是比较固定的，是在长期语言实践中形成的，这一点在缺乏明显形态变化的汉语中尤其重要。

　　可是，从词在句中的功能看，有时可以根据一定的语言习惯灵活运用，又没有达到转化程度。我们把这种现象叫作词类活用。

　　可知，词类转化与词类活用的区别在于：

　　（一）词类转化是长期变化的结果。这个结果产生了具有新义的新词。词类活用只是临时变通使用，仍维持原词原义。

　　（二）词类转化后的新词，必带有与其所从来的旧词不相同的而且可类推使用的新语法特点。词类活用中的词，只带有特点条件下的临时特点，受某些习惯性限制，不能类推。

（三）词类活用与修辞有关，颇有点故意破坏语法常规而造成修辞的特殊效果的味道。词类转化则纯属语法范畴。

总之，词类转化，从语法角度来看，属于一般性的，可以解释的；词类活用，则属于特殊性的，仅从语法解释是说不清楚的。

古代汉语的词类活用情况比现代汉语丰富而使用频率高。现代汉语中的一些词类活用情况多是古代汉语的余波。下面介绍几种常见的古代汉语词类活用的方式。

一、名词用如动词

在古代汉语里，有不少的名词可以活用为动词谓语，用法也很多：带有宾语特别是带代词宾语的，有带补语的，有同一名词迭用前后形成动宾和动补式的，有作谓语时不带宾语补语而前加副词性修饰语的。试看下举各例：

①范增数目项王。（《史记·项羽本纪》）——范增几次向项王使眼色。

②驴不胜怒，蹄之。（柳宗元：《黔之驴》）——驴子忍不住大怒，用蹄子踢它（老虎）。

③狼洞其中。（《聊斋志异·狼》）——一只狼在其中（指柴堆）打洞。

④假舟楫者，非能水也，而绝江河。（《荀子·劝

学》)——利用船只的人,并不会游泳,却能够渡过大江大河。

⑤左右欲刃相如。(《史记·廉颇蔺相如列传》)——秦王左右的人要杀相如。

⑥未花时采,则根色鲜泽。(《梦溪笔谈》)——没有开花时采,根部颜色就鲜润。

⑦与其饥死道路,为群兽食,毋宁毙于虞人,以俎豆于贵家。(马中锡:《中山狼传》)——与其这样饿死在路上,被许多野兽吃掉,还不如给打猎的人打死,供贵族人家作为祭品。

⑧如曰今日当一切不事事,守前所为而已,则非某之所敢知。(王安石:《答司马谏议书》)——如果说现在应当什么事都不必干,只要墨守着陈规旧法就行,那就不是我所敢领教的了。

有一种特殊的名词用如动词的现象值得我们特别注意。它常见于春秋战国时代的散文作品中,也常为后代仿古作品所仿效。如下例:

宗庙之事,如会同,端章甫,愿为小相焉。(《论语·先进》)——祭祀的工作,或者同外国盟会,我愿意穿着礼服,戴着礼帽,做一个小司仪。

"如同会"是动宾结构。"端章甫"呢?"端"是礼服,"章甫"是礼帽,原来都是名词,可它们在这里是作动词用。动词是表示一种动作的,它们既是动词,就得按动词来要求,应该是"穿"和"戴"的意思。实际上,穿戴的对象(即所谓受事,这在句子中一般是由宾语来表示的)却又是这动词所由来的那个词本身。所以,我们必须把它们理解为和翻译成"穿上礼服""戴上礼帽"。从意念上看,它们都应该是动词和宾语的结合体,虽然在形式上只是一个动词而已。这是一个很有趣的语法现象。还可以再举出一些这样的例子:

①夫子式而听之。(《礼记·檀弓下》)——孔子尊敬地伏在车轼上听着。

②孟尝君怪其疾也,衣冠而见之。(《战国策·齐策》)——孟尝君对他回来这样快很惊奇,穿戴整齐了出来见他。

③齐侯陈诸侯之师,与屈完乘而观之。(《左传·僖公四年》)——齐恒公把各国的部队列成阵势,自己和屈完坐马车检阅。

有时名词借为动词还起一个动补结构的作用。不过这样的例子较少。最典型的是:

宰予昼寝。(《论语·公冶长》)

杨树达《论语疏证》此节下注先引《礼记·檀弓上》："夫昼居于内，问其疾可也；夜居于外，吊之可也。故君子非有大故，不宿于外；非致齐也，非疾也，不昼夜居于内。"再加上："树达按：宰予非疾而昼寝，故孔子严责之。此亦孔子奖劳戒惰之事也。"我们认为，杨树达先生的理解和解释是正确的（杨先生本清人说，可参看《论语正义》）。

　　根据以上的解释，"宰予昼寝"不能简单地理解为"宰予白天睡觉"，而应理解为"宰予白天在内寝里睡觉"。宰予身体没有毛病，却白天寝于内室，这与古代礼制不合，所以孔子才深恶痛绝。孔子并不是一般地反对睡午觉。因此，这一句的"寝"并不能简单地理解为单纯的谓语它似乎兼摄着一些什么东西，或说包孕着某些为谓语所表现的动作所不能包孕的意义。只有把它理解为"寝寝"，或更明确地说是"寝于寝"，才能把这个意思完满地表达出来。这样的语法现象，从时代上看，大略以春秋末期到战国初期出现的为最多。后来就不常用了，而是用整个的动宾词组来表示。试比较以下的句子：

　　①楚子使屈完如师。（《左传·僖公四年》）
　　②齐王使使者问赵威后。（《战国策·齐策》）

　　例①中的"使"字实际上有"使使"的意思。但单说一"使"字容易含混，所以例②就着重地提出"使者"了。

我们要体会到楚子派屈完去见齐恒公是为了严肃的军国大事,屈完是正式的外交代表,他是出使的人,与后一例句齐王派代表去问候赵威后的性质相同。如果简单地把前一例句译成"楚子派屈完到齐国的部队那儿去",这件事的严肃性就表达不出来了。因而,必须理解成这样:"楚子派代表屈完……"。我们看下文屈完实际上是代表楚子说话,就可以明白这一点了。

我们可以看到,上举的我们认为名词借为动词又能起一个词组作用的词,多半与人的衣食住行有关,如"衣""冠""乘""使"等。后来,这种用法日渐减少。偶尔遇到,也不过是古代汉语的残留罢了,如"衣冠禽兽"。

根据以上的分析,我们可以体会到,把这种特殊的名词借用为动词的用法和一般的名词借为动词只起一个动词作用区别开来,是有必要的。在这些特殊用法中,包含了我们现代人不易察觉到的比较丰富的含义。懂得了它,对于我们读古书,了解古人用语精微之处,是有帮助的。

二、使动用法

按汉语的常规,动词性谓语后面可以带宾语,宾语是动词谓语动作的对象。形容词性质和名词性质的谓语是不能带宾语的,不及物动词作谓语也不能带宾语。但在古代汉语中,有时谓语后面跟有宾语,却表示使这个宾语所代表的人或事物发出这个动作。这种用法叫"使动用法"。如：

> 广故数言欲亡，忿恚尉。（《史记·陈涉世家》）——吴广故意一再地说要逃跑，使得将尉非常恼怒。

这种使动用法的谓宾句式，不仅表达的句意不合常规，就连谓语也不合常规：有用及物动词作谓语但表达的句意与一般的谓宾句式不合的，更有用不及物动词、形容词、名词作谓语而带宾语的。

动词作谓语的使动用法：

> ①扁鹊曰："越人非能生死人也，此自当生者，越人能使之起耳。"（《史记·扁鹊仓公列传》）——扁鹊说："我不能让死人复活。他本来就没死，我只是叫他活动起来罢了。"（"越人"是扁鹊的名字）

> ②欲辟土地，朝秦楚，莅中国而抚四夷也。（《孟子·梁惠王上》）——想要开拓疆土，叫秦楚二国来朝，统一整个中原，同时安抚边远各族。

前例中的"生"是不及物动词作使动，当"叫……再生"讲，后例中的"朝"是及物动词，它虽然在"秦楚"之前，但不是"朝拜秦楚"，而是"让秦楚来朝拜"。

古代汉语中动词的这种使动用法，现代汉语中沿用的不少。如"庄稼长势喜人",这"喜人"不是"喜欢人们",而是"使人高兴"。再如"饮牛"是"叫牛喝水","气人"是"让人生气"。

形容词的使动用法在现代书面语中也有残迹流传,如"富国强兵",说的不是"富裕的国家,强大的军队",也不是"国家富裕,军队强大","使国家富裕,使军队强"。也就是说,形容词在这里不是作定语,而是作谓语用,而且是使动用法,表示使宾语具有某种性质。又如:

①告之以直而不改,必痛之而后畏。(柳宗元:《封建论》)——把正确的道理告诉他,他不肯改悔,非得要使他吃点苦头才惧怕呢。

②寡人之妻,孤人之子,独人父母。(刘恒:《赐南粤王赵佗书》)——使人们的妻子成为寡妇,使人们的子女成为孤儿,使人们的父母孤苦无依。

名词也可直接放在宾语之前表示使动,如:

③先生之恩,生死而肉骨也。(马中锡:《中山狼传》)——先生对我的恩德,真是叫死的再生,叫枯骨长肉啦。

方位名词和数词也可直接放在宾语之前表示使动,如:

④故王不如东苏子,秦必疑齐而不信苏子矣。(《史记·苏秦列传》)——所以,大王不如叫苏秦往东方去,那样,秦国就一定怀疑齐国,也不相信苏秦了。

⑤孰能一之?(《孟子·梁惠王上》)——谁能够把天下统一?

在古代汉语中使动用法是经常使用的一种特殊格式。用使动用法构成句子,常是为了追求一种修辞效果。换句话说,就是为了修辞而故意突破语法常规。试看下面一则记载:

> 王荆公绝句云:"京口瓜洲一水间,钟山只隔数重山。春风又绿江南岸,明月何时照我还。"吴中士人家藏其草,初云"又到江南岸",圈去"到"字,注曰:"不好";改为"过",复圈去,而改为"入",旋改为"满"。凡如是十许字,始定为"绿"。(洪迈:《容斋续笔》)

"春风又绿江南岸"从李白的"春风又绿瀛洲草"蜕变而来,两者都是形容词作谓语的使动用法。它的特点是:"绿"字作谓语,不仅在句法上把主语和宾语联系起来,而且由于它保留着形容词本身的表色彩的意味,具体到这两句诗里,在把主语"春风"和宾语"瀛洲草""江南岸"联系起来的时候，能同时唤起人们形象化的色彩鲜明的联想。所以，使动用法作为一种特殊的句法方面的修辞手法，在古代被大量应用。

由于使动用法使用频率高，因此在读古代诗文时要常警惕它的出现。不然，差之毫厘，谬以千里，就会误解整句句义，例如下面一句：

是以君子远庖厨也。（《孟子·梁惠王上》）

这一句里的"远"字是形容词作谓语，使动用法，全句的意思应是"因此，大人物是要使杀牲的厨房远离开自己的"。这句话表现出古代统治者的身份赫奕，气焰高涨，不是容易走动的活人远离庖厨，却是让庖厨搬开。大人物是不能动的，有架子。可是不学无术的"四人帮"黑笔杆子在一篇"批孔"的"社论"中把这句译成"远离开庖厨"，那就只能看出古代统治者虚情假意的一面，看不出他们同时还在端架子耍威风的一面。而这两面恰是"四人帮"的写照。

因为使动用法和一般的动宾句式格式相同，所以造成一些特殊现象，还容易在脱离上下文研究时产生误解或歧义。例如，"胜之"和"败之"意义相同，就因为"胜"字被用为一般的及物动词带宾语，而"败"字带宾语却是使动用法。再如，"死之"可能是自己死在这件事（指殉难）上，像"提弥明死之"；也可能是让别人死，像"买臣深怨，常欲死之"。"食之"可能是自己吃某种食物，也可能是让别人吃食物。凡这些，都得结合上下文细心体会才行。

由于使动用法有易造成混淆的大缺点，所以虽然能产生一些特殊的修辞效果，但科学性强的文章就不宜用它。现代汉语中已有更精密的使成式等来代替它。像"精兵简政""休整部队""丰富文化生活""严格组织纪律"之类用法，已有的固然已经通用无碍，再要新造些这类短句就不一定合适了。

三、意动用法

意动用法也是用和使动用法一样的方法，即借助于谓宾句式表达特殊的带修辞性的内涵。

意动和使动的区别在于：使动是在实际上使宾语具有某种性质或成了某种东西，意动是在主观上认为宾语具有某种性质或当作某种东西。

形容词的意动用法如：

①尔安敢轻吾射！（欧阳修：《卖油翁》）——你怎么敢看轻我射箭的本领！

②是故明君贵五谷而贱金玉。（晁错：《论贵粟疏》）——因此贤明的国君总是以五谷为贵，以金玉为贱。

名词的意动用法如：

①不如吾闻而药之也。(《左传·襄公三十一年》)——不如让我听到,把那些话看成良药吧。

②尔欲吴王我乎?(《左传·定公十年》)——你想把我当作吴王吗?

同一个词,除了一般用法,有时用于意动,有时用于使动。遇到这种情况必须紧扣上下文来识别。如:

①工师得大木,则王喜;匠人斲而小之,则王怒。(《孟子·梁惠王下》)——工师得到大木,王就喜欢;木匠砍得使它小了,王就发怒。

②孔子登东山而小鲁,登泰山而小天下。(《孟子·尽心上》)——孔子登上东山就认为鲁地小了,登上泰山就觉得天下也小了。

上一例"小"是使它小,侧重于客观行动,是使动用法;下一例的"小"是认为它小,侧重于主观感受,是意动用法。

四、名词用作状语

名词用作状语,在现代汉语中也有,但不多见,在古代汉语中则相当常见。主要有两种情况:

（一）名词状语表示"像……一样地"，或"像对待……一样地"。如：

①少时，一狼径去，其一犬坐于前。（《聊斋志异·狼》）——过一会儿，一只狼就离开了，另一只（狼）像狗一样地在前面坐着。

②逆夷狐凭鼠伏，匿两炮台中，不敢出。（《广东军务记·三元里抗英》）——洋鬼子像狐狸一样缩着，像老鼠一样趴着，躲在两座炮台里面，不敢出来。

③有狼当道，人立而啼。（马中锡：《中山狼传》）——有一只狼在路中，像人那样站着啼叫。

④君为我呼入，吾得兄事之。（《史记·项羽本纪》）——您把他给我请进来，我要把他当兄长那样看待。

（二）表示处所或工具，可译为"在……""用……"。如：

①以秦王之威，而相如廷叱之。（《史记·廉颇蔺相如列传》）——像秦王那样的威严，我还敢在（秦国）朝廷上呵叱他。

②不得已，变姓名，诡踪迹，草行露宿。（文天祥：《指南录后序》）——没有办法，我只好更改姓名，隐藏踪迹，在野草中行走，在露天下歇宿。

③叩石垦壤，箕畚运于渤海之尾。（《列子·汤问》）——打石头挖土，用畚箕运到渤海的尽头去。

④事不目见耳闻，而臆断其有无，可乎？（苏轼：《石钟山记》）——事情不用眼睛看，不用耳朵听，却主观地推断它的有没有，行吗？

名词作状语，可以使语言形象而精炼，修辞色彩很浓。用这种方式构成的词组，有的已变为成语，如虎踞龙蟠、蚕食鲸吞、风驰电掣、土崩瓦解，豕奔狼突，狼吞虎咽、龙腾虎跃、龙行虎步。有的则逐步凝固为现代的双音词，如席卷、响应、瓜分。但从语法角度看，这种方式有其不明确、不精密的一面：名词置于谓语前，一般处在主语地位，若没有任何说明性标志而让它作状语，那就会造成混淆。这是古代汉语为追求修辞效果而不顾语法上的精密性的又一例证。现代汉语在这方面已有了改进，方法之一是加上必要的"像""用"一类的介词性的词语，另一种方法是用助词"地"中介，如"历史地看问题"。

五、动词用作状语

动词直接置于谓语之前作状语的情况不多见，这种用法的动词一般是不及物动词。这样做，追求一种富于形象性的动作感觉的修辞效果的目的是很清楚的。

①生得一人,果匈奴射雕者也。(《史记·李将军列传》)——活活地捉住一个人,果然是匈奴射雕的名射手。

②妇人不立乘。(《礼记·曲礼上》)——妇女是不用站在车上的姿势乘马车的。

③争割地而赂秦。(贾谊:《过秦论》)——争着割让地盘来贿赂秦国。

但是,动词用作状语,用"而"字(有时也可用"以"字)和谓语联系起来的情况则相当多。

①咏而归。(《论语·先进》)——唱着唱着回家了。

②子路拱而立。(《论语·微子》)——子路拱着手站着。

③仰而视之。(《庄子·秋水》)——仰着头看它。

要注意:动词作状语,在这种情况下,常起着一个动宾词组的作用,如"拱"是"拱手","仰"是"仰首"。只是因为那个宾语人们太熟悉了,知道"拱"的必然是"手",或从上下文中可以确实知道"仰"的必然是"首",所以才省略了。如果不是这样,那么还是得用整个动宾词组作状语,当然也少不了用"而"字和谓语联系。

①触槐而死。(《左传·宣公二年》)——头碰槐树死去。

②有牵牛而过堂下者。(《孟子·梁惠王上》)——有人牵着牛从大堂前走过。

要注意：前举两种用"而"联系状语和谓语的情况，从结构上看，应属于偏正结构，前者即状语为偏为次，后者即谓语为正为主。古代汉语中另有一类用"而"联系的，一个主语（或省略）有两个动作时间上有先后的谓语的紧缩句式（有的语法书上叫作"连动式"），在形式上与前述偏正结构完全一样，只能从细玩文意来区别。例如，"公入而赋"（《左传·隐公元年》）就是"连动式"。"入"和"赋"都是动词谓语，动作时间有先后，谁也不修饰谁。这句话是"公入，公赋"的紧缩。

六、名物化和修辞上的借代

不是名词的词，如动词、形容词，在一定的语言环境中，起了代表人、事、物的名称的作用，用如名词，叫作名物化。名物化，往往是从修辞方面考虑，希望取得突出要描述的对象的某些特点的效果。修辞学上所谓借代，则是借用一个词来表达另一个词的意义。

古代汉语中某些形容词用如名词的词类活用现象，从修辞的角度上看，就属于以性质、状态代事物本身的一种借代方式。例如：

①将军身披坚执锐。（《史记·陈涉世家》）
②乘坚策肥。（晁错：《论贵粟疏》）
③大毋侵小。（《左传·襄公十九年》）

现代汉语中说"吃香的，喝辣的"，就是这种方式的进一步向名词化发展。前举各例，若形象化地翻译，则是"身披坚牢的，手拿尖的""驾着坚固的，鞭策着肥壮的""大的不应侵犯小的"。当然，习惯上的译法是把"铠甲""武器""车""马""诸侯"等被借代的词语补出，成为一个偏正词组。可我们要知道，古人追求的是那样一种修辞效果，如现代汉语中成语"穿红戴绿""挑肥拣瘦"的格式一般。

当然，大量的借代和名物化并没有什么关系，这二者不是经常交叉使用的，不可混为一谈。例如，刘禹锡有名的诗句"沉舟侧畔千帆过"，其中以名词"帆"代替名词"船"，属于以部分代全体的借代方式，那就只属于修辞范畴，和语法无关了。

第十二讲 古代汉语的疑问句与疑问词

疑问句是用来进行提问或反问的句式。汉语的疑问句，一般地说，在句中一定要用疑问词。疑问词可以分为疑问代词和疑问语气词两大类。此外，还有几个特别的表示反问的副词"岂""讵"等。

下面我们分别叙述。

一、疑问代词

（一）谁、孰

"谁"跟现代汉语的"谁"一样，是指人的疑问代词。例如：

①太守谓谁？庐陵欧阳修也。（欧阳修：《醉翁亭记》）——太守是谁呢？是庐陵人欧阳修阿。

②子为元帅，师不用命，谁之罪也？（《左传·宣公十二年》）——你是主帅，军队不听从命令，谁的罪过呢？

"孰"经常表示选择比较，可以指人，也可以指事物。

例如：

　　③父与夫孰亲？(《左传·恒公十五年》)——父亲与丈夫哪一个更亲近？

　　④独乐乐，与人乐乐。孰乐？(《孟子·梁惠王下》)——独自作乐快乐呢，还是与众人共听音乐快乐呢，其中哪个更快乐？

　　⑤礼与食孰重？(《孟子·告子下》)——"礼"和"食"（维持生存）哪个重要？

　　⑥脍炙与羊枣孰美？(《孟子·尽心下》)——脍炙和羊枣哪个更好吃？

　　⑦弟子孰为好学？(《论语·雍也》)——学生中哪个最爱学习？

在不用于选择性问句的时候，"孰"一般只用来问人，与"谁"相当。例如：

　　①孰知赋敛之毒有甚是蛇者乎？（柳宗元：《捕蛇者说》）——谁知道搜刮赋税的毒害比这种蛇还要厉害呢！

　　②百姓孰敢不箪食壶浆以迎将军者乎？（诸葛亮：《隆中对》）——老百姓谁敢不提上饭篮和水壶来迎接将军您呢？

　　③孰继？继子般也。(《公羊传·闵公元年》)——继

承谁？继承子般。

"孰"有三个凝固形式：孰与、孰知、孰若。它们都用于比较性的句子之中。例如：

①沛公曰："孰与君少长？"（《史记·项羽本纪》）——刘邦问（张良）说："（项伯）和你谁小谁大？"
②夜郎王问："汉孰与我大？"（《汉书·西南夷传》）——夜郎王问："汉朝和我国比起来哪个大？"
③我孰与城北徐公美？（《战国策·齐策一》）——我和城北徐公比，哪个漂亮。

以上都是用"孰与"来比较两个人、事、物的高下的，句子的最后一般出现形容词谓语。在这三个例子中是"长""大""美"。再看下例：

公之视廉将军孰与秦王……（《史记·廉颇蔺相如列传》）

这一句，一般都在"秦王"后加句号标点，致使原意不显。它是一句没有说完的话，也就是说，只说了半句，藏半句，藏的是那个最重要的形容词谓语。蔺相如不愿把话说绝,只说半句,剩下的让对方去思忖。这种把不便出口或不愿明说的内容藏尾露头地讲一半的方式,属于修辞中"讳饰"方式之一。

可是有平列两个小分句,中间用"孰若"等连接起来的,这两个分句各有谓语。这种句式是用来比较两件事的得失的。它倾向于肯定后面的一种。这种倾向性常以反问语气表示出来。可以译为"哪里比得上"。中古以后,"孰若"常和"与其"配合,组成"与其……孰若……"的凝固形式,更为明显地表示对后一种选择的肯定。这种形式后来变成"与其……不如……",现代书面语中还在用。例如:

①惟坐而待亡,孰与伐之?(诸葛亮:《后出师表》)——只是坐等被消灭,哪里比得上去主动讨伐别人。

②与其坐而待亡,孰若起而拯之?(徐珂:《冯婉贞》)——与其坐着等死。哪如(自己)起来解决呢?

③与其有誉于前,孰若无毁于其后。(韩愈:《送李愿归盘谷序》)——与其当面称赞人,还不如别在背后毁谤人呢。

(二)何

在古汉语所有的疑问词中,应用最广的大约要数"何"了。第一,它可说是无所不问,单用可以问物,问事,相当于"什么""为什么""怎么"。有时也可问地。若作修饰语，则可问时、地、人。有时它还相当于"有什么""哪里"。上古汉语中用得更宽，直接指问人、地也行。例如：

①赵盾曰："是何也？"曰："膳宰也。"（《公羊传·宣公六年》）——赵盾问："这是什么人？"回答说："是厨师。"

②主晋祀者，非君而何？（《说苑·复恩》）——主持晋国祭祀的，不是君还能是什么人？

③何故不来？（《左传·昭公四年》）——什么缘故不来？

④大王来何操？（《史记·项羽本纪》）——大王来的时候带来了什么东西？

⑤是何人也？（《庄子·养生主》）——这是谁啊？

⑥豫州今欲何至？（《资治通鉴·赤壁之战》）——（鲁肃问：）豫州（刘备）你现在准备到哪儿去呢？

它组成的凝固形式特别多。

先看下面一大组中三小组凝固形式：

A.如何　　如……何　　何如

B.若何　　若……何　　何若

C.奈何　　奈……何

这些都是由动词性的词和"何"组成的凝固形式。它们的用途很广,常用来问人物形状、动作状态与方式,相当于"怎么样";有时问办法,相当于"怎么办";问原因,相当于"怎么";用于比较,相当于"比……怎么样"。它们的用法略有差别,其精微之处值得注意。

"如何",问者心中无数,向对方要办法;"何如"则是问着心中有数,故意问问对方罢了。"若何"常用在事情发生之后,问者无法可办之时;"何若"则带有"不出所料"的那种自信意味;"奈何"则用在没法可办而情绪又十分激动之时,它是冲动的,带感情的。例如:

①毁乡校,何如?(《左传·襄公三十一年》)——毁了乡校吧,怎么样?(问者心中有"毁乡校"之意)

②如太行、王屋何?(《列子·汤问》)——能把太行、王屋两座山怎么样呢?(问者心中无移山之法)

③寇深矣,若之何?(《左传·僖公十五年》)——敌人深入了,可怎么办呢?(事情发生了,没法可办了)

④虞兮,虞兮,奈若何?(《史记·项羽本纪》)——虞姬啊,虞姬啊,可拿你怎么办?(情绪激动)

⑤无奈何也!(《韩非子·喻老》)——没有什么办法了!

最后一例中,"无"加在"奈何"之前,表达一种带情绪的否定态度。

再看下面一些凝固形式:

"何以"是"拿什么,靠什么"之意。如:

何以战?(《左传·庄公十年》)——靠什么打仗?

"何为""何……为""为何"的意思是"为什么""……做什么","何以……为"的意思则是"要……做什么"或"用……做什么"。如:

①何为止?(《史记·淮阴侯列传》)——为什么中止?
②然则又何以兵为?(《荀子·议兵》)——那么又为什么用兵呢?

"谁何"是"谁"的加重式语气,意思是"(究竟是)哪一个人"。有时也写作"何谁"。如:

若所追者谁何?(《史记·淮阴侯列传》)——你所追的究竟是谁?

"何许"出现于汉魏南北朝,义为"哪里"(指地),有时也指问具体的一个时间。如:

①不知何许人也。(陶渊明:《五柳先生传》)——

不知道是什么地方的人。

②良辰在何许？（乐府诗）——"良辰"在哪里？

"一何"在古代汉语中习用，带副词性质，义为"怎么那么""多么"。如：

吏呼一何怒，妇啼一何苦。（杜甫：《石壕吏》）

（三）曷、胡、奚

"曷""胡""奚"都是指物的疑问代词，与"何"用法相似，可以问事物，相当于"什么"。例如：

①孟尝君曰："客何好？"（《战国策·齐策》）——孟尝君（田文）说："客人（冯谖）爱好什么？"

②王曰："缚者曷为者也？"（《晏子春秋》）（楚）王问："绑着的人是干什么的呀？"

③不稼不穑，胡取禾三百廛兮？（《诗经·魏风·伐檀》）——（你）不耕种不收割，为什么拿这么许多束的庄稼啊！

④奚以知其然也？（《庄子·逍遥游》）——根据什么知道它是这样的呢？

（四）安、恶、焉

它们是指处所的疑问代词，相当于现代汉语的"哪儿"。例如：

①沛公安在？（《史记·项羽本纪》）——沛公（刘邦）在哪里？
②学恶乎始？恶乎终？（《荀子·劝学》）——学习从哪儿开始？到哪儿结束？
③且焉置土石？（《列子·汤问》）——（你）往哪儿放那些土块石头呢？

"安""恶""焉"还可以问情况、原因，大多用在"得""能"或"知"之前，相当于"哪里能够""哪里知道"。例如：

①梁王安得晏然而已乎？（《战国策·赵策》）——梁王哪里能平安地了事呢？
②子非鱼，安知鱼之乐？（《庄子·秋水》）——（惠子对庄子说：）你不是鱼，哪能知道鱼的快乐呢？
③多虑多怨，国虽强大，恶能不恐？（《吕氏春秋·慎大》）——忧患多，怨恨多，国家虽然强大，哪里能不恐惧？

（五）疑问代词和宾语的位置问题

"主语→动词谓语→宾语"，这是古今汉语词序的基本句式。但文言文中，在一定的情况下，宾语可以移动到词谓语的面前，形成"宾语→动词谓语"结构。我们称之为"宾词前置"。这在前面已经讲过。

在疑问句中，动词的宾语如果是疑问代词，这个宾语通常放在动词前面。例如：

①吾谁欺？欺天乎？（《论语·子罕》）——我欺骗谁呢？是欺骗天吗？

②权知其意，执肃手曰："卿欲何言？"（《资治通鉴·赤壁之战》）——孙权懂得鲁肃的心意，拉着他的手说："你想说些什么？"

疑问代词作宾语，甚至在介宾词组中，它也放到介词的前面。例如：

王问："何以知之？"（《史记·廉颇蔺相如列传》）——赵王问道："凭什么知道蔺相如可以出使呢？"

只有"谁"表现得比较灵活，它作宾语时，可以前置也可以不前置。这也许是现代汉语容纳了它的原因之一吧。例如：

夫执舆者为谁？（《论语·微子》，"为"是谓语）——可以把那个驾车的人当作谁？

二、表示疑问的语气词

疑问语气也包括一般疑问、反问、测度等语气。一般疑问语气是有疑而问等待回答的语气；反问语气是无疑而问或明知故问以强调正面意思的语气；测度语气是介乎上述二者之间表示将信将疑、像是疑问实则推测的语气。

古汉语常用来表示这三种语气的语气词是"乎""邪（耶）""与（欤）"。

这些语气词在疑问句中相当于现代汉语的"呢"或"吗"，要根据全句的意思来确定。它们有共同的地方，也各有特点。

"乎"是个最正规、最一般的疑问语气词。用"乎"，表示是个真正的"问句"。不管是疑问、反问、推测，都可用它，所以它又是个最一般性的疑问语气词。至于在带感叹性的短句和句中停顿处也用到"乎"，那就只起发声振聩式的振醒作用，相当于现代汉语的"呀"，有点失去它的疑问语气了。例如：

①壮士，能复饮乎？（《史记·项羽本纪》）——壮士！能再喝（杯酒）吗？

②等死，死国可乎？（《史记·陈涉世家》）——同样是死，为国事（指发动起义）而死，好吗？

③王侯将相宁有种乎？（《史记·陈涉世家》）——

王侯将相难道有种吗?

④事不目见耳闻,而臆断其有无,可乎?(苏轼:《石钟山记》)——事物不用眼睛看,不用耳朵听,就主观判断它有还是没有,行吗?

⑤侥天之幸,或能免乎?(徐珂:《冯婉贞》)——侥幸得天相助,或许能够免于失败吧?

⑥嗟乎?燕雀安知鸿鹄之志哉?(《史记·陈涉世家》)——啊呀!小燕和麻雀怎么能了解天鹅的志向呢!

和"乎"有关的还有个"诸"。

"诸"是合音词,是"之于"的合音。"诸"还可以是"之乎"的合音。"之于"的合音用在句中,"之乎"的合音用在句尾。句尾"诸"等于一个代词"之"加一个语气词"乎"。如:

①有美玉于斯,韫匵而藏诸?求善贾而沽诸?(《论语·子罕》)——假如这里有一块美玉,放在柜子里藏起它来呢?还是找一个识货的商人卖掉它呢?

②文王之囿方七十里,有诸?(《孟子·梁惠王下》)——(听说)周文王的狩猎场纵横各长七十里,有这回事吗?

③投诸渤海之尾,隐土之北。(《列子·愚公移山》)——把它放到渤海的边上,隐土的北面。

④有诸内，必形诸外。(《孟子·告子下》)——有什么在里面，一定会表现（什么）在外面。

"与"字作为疑问语气词，古代一般写作"与"，后来才造出一个"欤"来专用。它表达的疑问语气较为委婉，而且带有一些感叹的性质。如：

①为是其智弗若与？曰：非然也。(《孟子·告子上》)——认为这（是）他的智力不如（前一个人）吗？我说：不是这样！
②求之与？抑与之与？(《论语·学而》)——是要来的呢？还是别人给他的呢？

"邪"字作为疑问语气词，古代一般写作"邪"，后来逐渐写作"耶"。它不像"与"字那样带感叹语气，可又不同于"乎"的单纯、率直。在大多数情况下，它有一种怀疑、猜想、惊讶的情味。它的潜台词似乎是"这事不简单哪，得动一番脑筋哪"。如：

①赵王岂以一璧之故欺秦耶？(《史记·廉颇蔺相如列传》)——赵王难道会因为一块璧的缘故欺骗秦国吗？
②然而何时而乐耶？(范仲淹：《岳阳楼记》)——那么，什么时候才快乐呢？

③况操自送死,而可迎之邪?(《资治通鉴·赤壁之战》)——何况曹操自己前来送死,怎么可以投降他呢?

和"乎"有关的常用的凝固形式有:"不亦……乎""无乃……乎""得无……乎""其……乎"。

"不亦……乎"表示委婉的反问,意近于"不也是……吗?""岂不是……吗?"例如:

①舟已行矣,而剑不行,求剑若此,不亦惑乎?(《吕氏春秋·察今》)——船已经走了,可是剑却在水里不能走。像这样子来找剑,岂不是太糊涂吗?

②吾射不亦精乎?(欧阳修:《卖油翁》)——我射箭的技术岂不是很高超吗?

"无乃……乎",表示测度或婉转提醒的语气,意思是"只怕……吧"。例如:

无乃不可乎?(《左传·僖公三十二年》)——只怕不行吧?

"得无……乎"与"无乃……乎"义近,但显得更婉转,富于商酌情味。意思是"是不是……呢"。例如:

览物之情,得无异乎?(范仲淹:《岳阳楼记》)——看了景物后所触发的感情,是不是有不同之处呢?

"其……乎"与前两者意近,也是一种婉转的提问。义近于"是不是……吧(呢)"。例如:

子其怨我乎?(《左传·成公三年》)——你是否恨我呢?

三、表反问的副词

表反问的副词,最常用的是"岂"。它带有揣度意味,常与其他疑问语气词如"乎""耶"合用,也与感叹语气词"哉"合用。它有"哪里""怎么""是不是"等意思。清人段玉裁在《说文解字注》中把"岂"字解为"若今语之'难道'"。实际上,"难道"带有"出乎意料"的情味,而"岂"所表达的却是已明确的事情,心里知道的事情。例如:

①岂吾相不当侯耶?(《史记·李将军列传》)——是不是按我的面相不应当封侯呢?
②君岂有斗升之水而活我哉?(《庄子·外物》)——您是不是有一斗半升的水把我救活呢?

"宁"才有"难道"之意。例如:

居马上得之，宁可以马上治之乎？（《史记·陆贾传》）——用武力得到天下，可难道能用武力统治住吗？

"讵"（有时写成"距""巨""渠"）的意思是"怎么"。例如：

沛公不先破关中，公巨能入乎？（《汉书·高帝纪》）——沛公不先攻破关中，您怎能入关呢？

"庸"的意思也近于"难道""怎么"，语气较硬，也用于反问。它有时与"讵"连用作"庸讵"，语气加强，意近于"怎么能"。有时与"何"连用，反问口气加强，意近于"难道有什么"。例如：

①士有偏短，庸可废乎？（《三国志·魏书·武帝纪》）——士人总是有某些短处的，怎么能因此废置不用呢？

②庸讵知其吉凶？（《楚辞·哀时命》）——怎么能知道是吉是凶？

③醉而怒，醒而喜，庸何伤？（《国语·鲁语下》）——喝醉了酒就发怒，酒醒了就高兴，这难道会有什么大问题吗？

"无庸"义近于"不用"。例如:

公曰:"无庸,将自及。"(《左传·隐公元年》)——郑庄公说:"不用(管他),他快自己捅出事儿来了。"

现代成语中还有"无庸讳言"。

第十三讲　古代汉语的否定句与否定词

表示否定的句子叫作否定句。否定句中必须有否定词。否定词可以是副词，如"不""弗""毋""勿""未""否""非"；可以是动词，如"无"；也可以是代词如"莫"（"莫"字是一个否定性的无指代词，汉代以后逐渐变成一个否定副词，相当于"勿"）。

先看下表：

古代汉语常用否定词表

	否定副词					否定动词	无指代词
古汉语否定词	亡、毋（无）、靡、蔑	未	不、弗、毋、勿、否、非（匪）、莫	微	无	莫
现代汉语译解	无，没有，没	还没有，还没	不，不必，不要，别，不是	如果不，若不，不只是	无，没有	没有谁，没有哪个

以下分别叙述。

一、否定副词

(一) 不、弗

"不"和"弗"都是表示一般的否定。"不"的适应范围很广,现代还在用;"弗"的使用范围窄些,逐渐被淘汰了。例如:

①吾闻二世少子也,不当立。(《史记·陈涉世家》)——我听说秦二世是小儿子,不应当立为皇帝。

②对曰:"小惠未遍,民弗从也。"(《左传·庄公十年》)——(曹刿)回答说:"这小小的恩惠还没有普遍,老百姓是不会听从你的。"

"不"和"弗"都是副词,"不"否定动词和形容词,"弗"否定动词(秦汉以后也否定个别的形容词)。可是,在上古汉语里,"不""弗"都可以直接放在名词之前。这种不合语法常规的现象带有浓厚的修辞色彩。它的含义是"不像……的样子""显现出不……的情况"。例如:

①晋灵公不君。(《左传·宣公二年》)——晋灵公不像个国君的样子。

②寝不尸。(《论语·乡党》)——睡觉时不要

显得像挺尸。

第二例,可以与《论语》中的"食不语,寝不言"对照,就会更看出它的特色来。

这种用法一直流传到现代汉语之中,如"人不人,鬼不鬼""山不山,水不水",还有书面语中的"不毛之地""不齿于人类的狗屎堆",等等。

(二)毋、勿

"毋"和"勿"通常用于祈使句,表示禁止或不同意,相当于现代汉语的"不要""别"。例如:

①愿将军勿虑。(《资治通鉴·赤壁之战》)——希望将军不要忧虑。

②小女子毋多谈。(徐珂:《冯婉贞》)——小女孩子不要多说。

注意:在上古汉语中,古书里"毋"和"无"常通假。凡处于副词应处的地位的,无论写成"毋"还是"无",我们一律作"毋"对待。如《论语·子路》:"无欲速,无见小利",《左传·隐公元年》:"不及黄泉,无相见也",其中的"无",都应看成"毋"。反之,处在动词地位的,就全看成"无"。

"毋""勿"后面也有直接连上名词的,也有修辞色彩,它的用法和意动用法差不多,带有主观性的意味。例如:

①毋友不如己者。(《论语·学而》)——不要把不如自己的人认作朋友。

②王无(毋)罪岁。(《孟子·梁惠王上》)——王不要把罪过归于年成上面。

(三)偏重于时间的否定——未、未尝

"未"字表示事情还没有实现,等于现代汉语的"没有"。"未常"是一个凝固形式,它表示"不曾"或"从来没有"的意思。"未"和"未尝"的区别是:"未"着重在和将来实现的可能性对比,或和已经实现的事情对比;而"未尝"则是简单地否定过去。例如:

①计未定,求人可使报秦者。未得。(《史记·廉颇蔺相如列传》)——主意还没有打定,想找一个可以出使去答复秦国的人,还没有找到。

②百姓多闻其贤,未知其死也。(《史记·陈涉世家》)——百姓中很多人听说他贤能,还不知道他已经死了。

③客果有能也,吾负之,未尝见也。(《战国策·冯谖客孟尝君》)——这位门客果然有才干,我对不起他,从来没有接见过他。

(四)非、否

"非"字和作为应答之词的"是"是相对的。这种

"非"字虽可译成现代汉语的"不是",但它的语法意义和"不是"完全不同:"不是"是系词"是"字前面加否定词"不"字;"非"字在上古汉语里不是系词,它是一个简单的否定副词。"非"所否定的不是紧靠近它的某一个词,而是它后面的某一个整体活动或某一件事情。例如:

①治乱,非天也。(《荀子·天论》)——社会的治乱,并不是天造成的。

②是叶公非好龙也,好夫似龙而非龙者也。(刘向:《新序·叶公好龙》)——这说明叶公并不喜好龙,而是喜好那像龙但又不是龙的东西啊。

③君子生非异也,善假于物也。(《荀子·劝学》)——君子并不是生下来与别人有什么不同,只是善于通过对事物的考察而获得知识罢了。

"否"字和作为应答之词的"然"字是相对的,常用于单词句,等于现代汉语的"不"或"不是的"。例如:

万章问曰:"人有言:'至于禹而德衰,不传于贤,而传于子。'有诸?"孟子曰:"否,不然也。"(《孟子·万章上》)——万章问道:"有人说:'到禹的时候道德就衰微了,不把天下传给贤人,却传给自己的儿子。'有这样的事吧?"孟子说:"不,不是这样的。"

"否"字又用在肯定否定选用的句子里,表示否定一面。例如:

晋人侵郑,以观其可攻与否。(《左传·僖公三十年》)——晋国的军队悄悄渗入郑国,用这种方法来考察可不可以对它大举进攻。

(五)用于句尾的否定词

"否"除上述的用法外,最常用的方式是放在句末起表示疑问的作用。常这样用的还有"不""未"和动词"无"。"不"作为表示疑问的否定副词,读音和词义都跟"否"相同。这几个否定副词通常都放在句末,表示疑问。例如:

①丈人附耳谓先生曰:"有匕首否?"(马中锡:《中山狼传》)——老翁把嘴巴贴近东郭先生的耳边说:"有匕首吗?"

②秦王以十五城请易寡人之璧,可予不("不"同"否")?(《史记·廉颇蔺相如列传》)——秦王想用十五座城来换我的和氏璧,可以给他吗?

③晚来天欲雪,能饮一杯无?(白居易:《问刘十九》)——夜来了,天将要下雪,能饮一杯酒吗?

④因谓亮曰:"今日上不至天,下不至地;言出

子口,入于吾耳,可以言未?"(《三国志·诸葛亮传》)——(刘琦)于是对诸葛亮说:"今天在这里上不到天,下不到地;话出在你的嘴里,只入我的耳朵,可以说了吧?"

例中的"有匕首否"实际是"有匕首,抑(还是)无有匕首"的简缩;例中的"可予不"实际是"可予,抑不可予"的简缩(其余二例都可依次简缩)所以,"否""不""无""未"这几个表示疑问的否定词,实际就是反复问句中简略了它所修饰的对象的否定词。

这种用否定词置于句尾表疑问的紧缩了的句式,正因为它的紧缩,所以常被诗人选中,用在诗词里。真有用得好的,上举白居易诗是一例,还可再举些:

①知否,知否?应是绿肥红瘦!(李清照:《如梦令》)

②此身合是诗人未?细雨骑驴入剑门!(陆游:《剑门道中遇微雨》)

(六)强烈的否定——靡、蔑

"靡"的语气强烈,有"简直没有""肯定没有""干脆没有"的意味。例如:

①靡计不施。(蒲松龄:《促织》)——简直没

有什么方法不去试过的了。

②其详靡得而记焉。(《史记·外戚世家》)——它的详细情况没法子记下来。

"靡不"常在一起用，它带有总括性。例如：

①靡不有死。(《史记·孝文本纪》)——没有不死的（都有个死）。

②靡不获福焉。（同上）——没有不从他那里获得福佑的（都获得了福佑）。

"蔑"的语气直截，言下有"就是如此""肯定是这样"的意味。它强调的是绝对性。

①封疆之削，何国蔑有？(《左传·昭公元年》)——封土被侵削，哪一国没有呢？（哪一国肯定都有这样的事）

②追而击之，蔑不胜矣！(《资治通鉴·唐纪·高祖武德元年》)——追赶并攻击它，肯定不会不胜利的。（肯定必会胜利）

此外，还有个"罔"，它的涵义近于"完全不"。例如：

③生惶惑发狂，罔之所措。（白行简：《李娃

传》）——郑生困惑惶恐到发狂的程度,完全不知道该怎么办了。

（七）微

"微"是个介于副词、连词之间的词,常用来表示一种否定的假设或条件。可译为"如果不是""假设没有""即使不"等。例如:

①微斯人,吾谁与归！（范仲淹：《岳阳楼记》）——如果不是这样的人,我能和谁一起奔向最后的远大目标呢！

②微子之言。吾亦疑之。（《史记·伍子胥列传》）——即使没有你这番话,我也在怀疑他。

③微独赵,诸侯有在者乎？（《战国策·赵策四》）——不只是赵国,其他诸侯的子孙还有承继封爵的吗?

二、否定动词"无"

"无"是表存在的动词"有"的反面。由它作谓语构成的句子,是动词谓语句中特殊的一小类——存在句的否定式。例如:

①人谁无过？（《左传·宣公二年》）

②人无远虑，必有近忧。(《论语·卫灵公》)

这两个例子意思都很浅明，不用译了。注意：第二个例子是肯定和否定方式的两种存在句并举。

"无"在上古汉语中的加重语气句式是"无有"，它的涵义是"绝对没有""肯定没有"。例如：

①其竭力致死，无有二心。(《左传·成公三年》)——一定要竭尽全力拼老命，绝不要有别的想法。

②左师公曰："今三世以前，至于赵之为赵，赵王之子孙侯者，其继有在者乎？"曰："无有。"(《战国策·赵策》)——左师公问道："推及三世以前，到赵国建立的时候，赵王的子孙封侯的，还有继承者吗？"回答说："绝对没有了。"

在上古汉语中，"无"字后面的宾语如果不是名词而是形容词或动词，那也有修辞色彩。它的涵义是"表现出某种情态"，至于实际上是怎么回事，它是不管不问的。也就是说，它只管表面的表现，不问实际上是否与表面上相合。这一点精微之处常易被忽略，初学者必须注意。例如：

①贫而无谄，富而无骄。(《论语·学而》)——穷，可没有谄媚的样子；阔气，可显不出有骄横的态度。(注意："不谄""不骄"才是真正的包括内容

与形式在内的不谄媚不骄横。"无谄""无骄"只看表现，不管内心。）

②数口之家可以无饥矣。(《孟子·梁惠王上》)——几口人的一个家庭可以看不出在闹饥荒。（孟子这句话够损的，说明古代农民能维持生活多么不容易）

三、无指代词"莫"

"莫"是个特殊的无指代词，表示"没有什么……"。它也有句中的或意念中的表示人、物、事的前行词（同位语）。例如：

①一府中皆慴服，莫敢起。(《史记·项羽本纪》)——全郡府的人都因恐惧而服服帖帖，没有什么人敢起来反抗的。

②间于天地之间，莫贵于人。(《孙膑兵法·月战》)——介于天地之间的，没有什么比人更宝贵的了。

③非刘豫州莫可以当曹操者。(《资治通鉴·赤壁之战》)——除了刘豫州（刘备），没有能够抵抗曹操的。

"莫"有几个常用的凝固形式，如："莫如……""莫若……"。"凝固形式"这个术语前面已经提到过，这里我们将这个术语的含意说一说。"凝固形式"这一术语是王力先生创造的,有人管它叫"固定格式"。它的意思大致是:两个或两个以上的词语,经常联在一起使用,能表示出某种意义。从语法结构方面看,有的容易解释,有的不容易解释。我们就一概管它叫"凝固形式"了。古代汉语中一些常用的凝固形式是必须掌握的。"莫如""莫若"就如此。它们用在长句之中,起比较作用。"莫如……""莫若……"表示没有什么比下面所说的事情更重要的了,是对下面事情的肯定而不是否定。翻译时可根据文意灵活译出。例如:

①一年之计,莫如树谷;十年之计,莫如树木;终身之计,莫如树人。(《管子·权修》)——制订一年的计划,没有什么比种植谷物更重要的了;制订十年的计划,没有什么比栽培树木更重要的了;制订一辈子的计划,没有什么比培养人材更重要的了。

②为君计,莫若遣君子孙昆弟能胜兵者悉诣军所。(《史记·萧相国世家》)——为你打算,不如派遣你的子孙兄弟中能够打仗的人,全都到军队中去。

"莫"字到东汉末期以后转化为否定副词,意思是"别""不要",例如:

①君有急病见于面,莫多饮酒。(《三国志·魏书·方技传》)——你有急症表现在面部,不要多

189

喝酒。

②请君莫奏前朝曲，听唱新翻杨柳枝！（《刘禹锡集·杨柳枝词》）——请你不要再奏前朝的陈词滥调了，且听那新谱的《杨柳枝》吧！

这种副词性质的"莫"，现代书面语中还能见到，如"非公莫入"。南北朝以后的文言文中，作为指代和否定副词，两种"莫"同时存在，阅读时要详加鉴别。

四、否定句和"宾语前置"问题

否定句和疑问句一样，也有宾语前置的情况。但否定句的宾语前置受严格限制，比疑问句中比较普遍的宾语前置情况要少得多了。

我们可以讲三点：

第一点，上古汉语中，用"不""毋""未""莫"四个否定词的否定句，如宾语为代词，则前置。例如：

①不吾知也。（《论语·先进》）——不了解我啊。

②狼未之知也。（马中锡：《中山狼传》）——狼还没有知道这事呢。

③时人莫之许也。（《三国志·诸葛亮传》）——当时的人没有谁称许他。

④我无(毋)尔诈,尔无(毋)我虞。(《左传·宣公十五年》)——我方不会欺诈你方,你方不必防备我方。

第二点,用"弗"字作否定词的否定句,在上古汉语中以不带宾语为常,就是带宾语也不前置。这种偶然出现的不前置的宾语带有应受到重视的特别强调的情味。这一点精微之处常被初学者忽略。例如:

虽与之俱学,弗若之矣。(《孟子·告子上》)——虽然与他一起学习,可是比不上他了。(注意:强调的是第二个"之",即"那个人,他",指的是勤奋学习专心致志的那一位,有特别指明的意味)

可是,在三国南北朝时代,出现了"弗"字句宾语前置的情况。从汉语发展史上看,这是逆潮流而动。我们想:口语未必如此,也许是文人仿古学错了,比照"不"字句处理,自以为与古相合,岂不知上古汉语"弗"字句并不如此。这大概是仿古误学误用造成的病句把。例如:

①权爱其才,弗之责也。(《三国志·胡综传》)——孙权爱他的才能,不责备他。
②天大寒,砚冰坚,手指不可屈伸,弗之怠。(宋濂:《送东阳马生序》)——天气十分寒冷,砚

台上冰冻得很硬,手指都冻得弯不了,可我还是不懈地抄书。

第三点,除上两点谈的情况外,就绝对没有否定句中宾语前置的情况了。相反地,即使在前两点(特别是第一点)所谈的条件下,有时宾语也不提前。像"知我者谓我心忧,不知我者谓我何求"这样的话,与现代汉语句式已经完全一致了。

第十四讲 古代汉语的判断句和被动句

古代汉语的判断句和被动句，从历史发展看，都经历了一步步的发展变化，到现在蜕变成现代汉语的另一些句式了。

一、判断句

我们在前面讲指示代词"是"的时候，已经接触到有关判断句的问题。现在再说一说。

从逻辑上说，一个简单的判断，需要证明两个事物在某一点上对等。这两个事物，在逻辑上叫作主词和宾词，证明它们对等的词叫判断词。从句法的角度看，语言上表达判断的句子叫判断句。现代汉语的判断句的基本形式只有一种。如：

小王是学生。

这里，"小王"是逻辑上的主词，"学生"是宾词，"是"是判断词。从语法上看，则"小王"是名词，作主语；"是"是联系前后两个名词性事物的词，特称"系词"，它与它后面的名词性事物构成一个名词性的合成谓语。

古代汉语的判断句则不如此,它有以下四种基本形式:

第一种是把名词性的主词(主语)和宾词(谓语)前后放置,不出现判断词(系词),让听者自己去把它们联系在一起构成判断,这是一种"意合法"。

> 备天下枭雄。(《资治通鉴·汉纪》)——刘备是当代的豪杰。

由于这种方式很容易造成误会,因此出现了第二种形式,即名词性主语后面加一种复指性的代词"者"。这种做法起了强调主语的作用。如:

> 粟者,民之所种。(晁错:《论贵粟疏》)——粟,是老百姓种的东西。

第三种形式是在名词性谓语后面加表示确定、肯定的语气词"也"。这种做法起了强调谓语的作用。这种形式在历史的发展中逐步成为古代汉语最通用的判断句形式。如:

> ①肃又谓诸葛亮曰:"我,子瑜友也。"(《资治通鉴·汉纪》)——鲁肃又对诸葛亮说:"我是子瑜的朋友。"
>
> ②张衡,字平子,南阳西鄂人也。(《后汉书·张

衡传》）——张衡，表字平子，是南阳西鄂人。

第四种形式是前加"者"，后加"也"。这是一种带有严肃认真意味的判断句。如：

①陈胜者，阳城人也，字涉；吴广者，阳夏人也，字叔。（《史记·陈涉世家》）——陈胜是阳城人，表字叫涉；吴广是阳夏人，表字叫叔。
②开火者，军中发枪之号也。（徐珂：《冯婉贞》）——所谓"开火"，就是军队里开枪的号令。

以上讲的是肯定判断的基本形式。否定判断则在谓语前加"非"以否定整个谓语。若是表示强烈地强调，常在谓语前加副词"乃""即""则"。"非"可以译成"不是"，"乃""即""则"可以译成"就是"，但它们都不是系词。如：

①当立者乃公子扶苏。（《史记·陈涉世家》）——应当立为皇帝的就是公子扶苏。
②梁父即楚将项燕。（《史记·项羽本纪》）——项梁的父亲就是楚国大将项燕。
③此则岳阳楼之大观也。（范仲淹：《岳阳楼记》）——这就是在岳阳楼上所见的雄伟的景象。
④是叶公非好龙也。（《新序·杂事》）——这个

（说明）叶公不是喜欢龙的。

　　⑤宁割席分坐，曰："子非吾友也。"（《世说新语》）——管宁割断了席子，（跟华歆）分开来坐，说："你不是我的朋友。"

　　在讨论古代汉语的判断句的时候，有一种用"为"这个词作动词谓语的句子要说一说。例如：

　　①吾乃今日而知先生为天下之士也。（《战国策·赵策》）

　　②知之为知之，不知为不知，是知也。（《论语·为政》）

　　③长沮曰："夫执舆者为谁？"子路曰："为孔丘。"（《论语·微子》）

　　④四体不勤，五谷不分，孰为夫子？（《论语·微子》）

　　这种句子里的"为"，很像现代汉语的系词"是"，一般也都按"是"字型判断句来译。例如，把"为孔丘"译成"是孔丘"，把"孰为夫子"译成"谁是夫子"。这样译，固无不可，但我们要知道，古人的原意并不像现代汉语判断句所表达的意思那样直截了当，它另有一种婉曲的含意。

　　"为"的涵义非常广泛，它包摄了现代的"当作，看成，作为，办（处理、干成、办理成）"等等涵义。它是个动词，有时转化为介词。在作动词谓语时，它也只是个动词谓语，不起系词所起的作用。反过来说，现代的系词"是"只起联系作用，它的实际涵义很空。"为"则不如此，它作谓语时，实际涵义极为丰富。如"先生为天下之士"一句，它的真正含意是"我到今天真正认识了作为'天下之士'的先生"；"知之为知之"句意是"知道的那些才好当作知道的"，"不知为不知"则是"不懂得的就是作为不懂得"；"孰为夫子"是"把谁看成夫子？"，"谁（哪一个）可以作（配当）夫子？"。至于长沮和子路的对话，那就更有些带刺儿。长沮本对孔子师徒不满，子路偏要"问津"，于是借题发挥。说"那边那个执掌马车辔头的人，我可以把他看成谁呢？"子路也不示弱，接茬儿说："看成孔丘吧。"注意，学生不直呼师长之名，子路在这里直呼"孔丘"，是想当然地摹拟对方口气，言外之意若曰：你早把他当作"孔丘"来对待了。下面桀溺还明知故问，说："子为谁？"那意思是说：可以把您看成（当作）哪一位呢？子路回答："为仲由"，有带刺儿地顶回去：当成（把我看成）仲由就是了（这"就是了"三字是我们外加的）。这一段话，双方"斗口"的情态跃然纸上，按"是"字系词句翻译固无妨，若也按"是"字系词判断句去理解，则索然寡味矣。

二、被动句

从语法角度看，被动句乃是对一般的主语处于施动状态的主语句式而言，指的是主语处于被动状态的句式。这种句式有一定的结构特点。意念上的被动而不具备结构上的特点的，不能算真正的被动句。

被动句的应用范围，各种语言是不一样的，在某一种语言中，也可随时代而变化发展。一般地说，汉语被动句使用范围小于印欧语系语言，古代汉语更小于现代汉语。从古代汉语到现代汉语，被动句有个发展过程。

真正的被动结构在先秦少见。一般用主动形式表达被动的内容，那只是意念上的被动，不能认为是真正的被动句。这种用主动句的形式表示的被动的意义，要靠分析上下文的关系来确定。例如：

① 以三保勇而多艺，推为长。（徐珂：《冯婉贞》）——冯三保因为勇敢而有本领，被推选为首领。

② 文王拘而演《周易》，仲尼厄而作《春秋》，屈原放逐乃赋《离骚》，……。（司马迁：《报任安书》）——周文王被拘囚在狱中就演算《周易》，孔丘遭厄运之后编《春秋》，屈原被放逐就写《离骚》，……

上两例中的"推""拘""厄""放逐"都是被动用法，是"被推""被拘""被厄""被放逐"的意思。又如：

人皆寐，则盲者不知；皆默，则喑者不知；觉而使之视，问而使之对，则喑者盲者穷矣。（《韩非子·六反》）——大家都睡着了，瞎子就不被人知道；大家都不说话，哑巴就不被人发现；可是叫起来让他们看东西，提问题让他们回答，哑巴瞎子就无法掩盖了。

例中的"知"都有被动意义，"不知"是"不被知"。这样的句式容易被人误会，因此，从语言的精确表达方面看，非有真正的被动句不可。

最早的被动句是用"于"字介宾词组作补语，引入主动者。如：

①夫赵强而燕弱，而君幸于赵王，故燕王欲结于君。（《史记·廉颇蔺相如列传》）——赵国强大燕国弱小，而你被赵王宠爱，所以燕王想跟你交朋友。
②吾不能举全吴之地、十万之众，受制于人。（《资治通鉴·汉纪》）——我不能奉上吴国的全部土地和军队，受别人控制。

"幸于赵王"即"被赵王宠幸"；"受制于人"即"被人控制"。它们都是用"于"字引入主动者的。

接着又出现了另一种被动句，用"为……""为……所"这样的介宾词组作状语，引入主动者。如：

①为人迂讷,遂为猾胥报充里正役。(《聊斋志异·促织》)——他老实不善于言谈,就被奸猾的差人上报充当里正的差事。

②兔不可复得,而身为宋国笑。(《韩非子·五蠹》)——兔子再也不能得到,却被宋国人耻笑。

③巨是凡人,偏在远郡,行将为人所并。(《资治通鉴·汉纪》)——吴巨是平凡的人,又处在偏僻的郡县,马上将要被人吞并。

④不者,若属皆且为所虏。(《史记·项羽本纪》)——不过这样作的话,你们这些人都将被(沛公)俘虏。

"为"字后省掉了主动者(沛公),与"所"紧连在一起了。

以上两种句式,都是借用现成的格式,让它们兼职,还不能算专门的被动句。后来借用一个特殊的副词"见"来表示被动状态。可是它不能引入主动者。要引入,就得与"于"字词组合作。例如:

①虽欲强聒,终必不蒙见察。(王安石:(答司马谏议书))——我虽然想再啰唆一番。但考虑到结果一定不能被(您)谅解。

②欲予秦,秦城恐不可得,徒见欺。(《史记·廉颇蔺

相如列传》）——想把璧给秦国，秦国的城池恐怕不能得到，白白地被欺骗。

③臣诚恐见欺于王而负赵。（《史记·廉颇蔺相如列传》）——我真的怕被您（秦王）欺骗而对不起赵国。

最后，借用一个原来是动词的"被"，把它转化为介词。它可以单用来表示被动，也可以引入主动者。至此，真正的被动句才成立了。

内一人说是西洋兵头，……亦被杀死。（《广东军务记·三元里抗英》）——其中一人据说是西洋兵头目，……也被杀死。

最后要说的是，对任何语言来说，被动式都不能简单地认为就是一般主动式的反面。也就是说，并非一切的主动式都可以通过结构上的变化转化为被动式。被动式，不仅有其本身的结构形式上的特点，也有其内容表达方面的特点。

汉语被动式使用范围比较狭窄，历史上一脉相承。从以主动式表被动内涵到"被"字句，从内容方面看，一贯用来表达不幸的、不愉快的、非主观所能改变的、自上而下强加的情况。凡不属于以上情况的，不用被动句式表达。

五四运动以后，汉语受到西方语言各方面的显著影响，被动式的使用范围扩大，所表达的内容不一定受上述的限制，但一般只在书面语中才出现这种扩大化的情况，口语还受着历史的制约。那些已经属于现代汉语研究的范围，我们不过在这里略微提一下罢了。

第十五讲 古代汉语的省略句

一个句子，通常都是由主语、谓语、宾语（句子的主要成分）组成，有些句子，还要有定语、状语、补语（句子的次要成分）。在古代汉语中，在不影响句子的语意表达情况下，为了使语言更加简练，往往省略掉某些成分。这种省略了某些句子成分的句子，叫省略句。省略句在古代汉语中是很多的，常见的。下面我们根据句子省略成分的不同，分为主语的省略、谓语的省略、宾语的省略、介词的省略、介词宾语的省略、定语的省略等来介绍。

一、主语的省略

一个句子有一个主语，这是一般的规律。但在古代汉语中，有的句子主语不出现，这就叫主语的省略。主语的省略在古代汉语中较多见，可以分为以下四种情况：

（一）承上省略：承接上面的句子，在下面的句子中，主语不出现。又有两种情况：一种是承接上句主语而省略主语，例如：

①楚人为食，吴人及之，〔　〕奔，〔　〕食而从之。（《左传·定公四年》）——楚国人做熟了

饭,吴国人追赶他们,〔楚国人〕就逃跑了,〔吴国人〕吃完了楚国人做的饭又去追逐他们。

②秦无亡矢遗镞之费,而天下诸侯已困矣。于是从散约败,〔 〕争割地而赂秦。秦有余力而制其弊,追亡逐北,〔 〕伏尸百万,流血漂橹,〔 〕因利乘便,宰割天下。(贾谊:《过秦论》)——秦国没有费一支箭,一个箭头,可天下的诸侯已陷入困境了,于是合纵拆散了,盟约瓦解了,〔诸侯国〕争着割地贿赂秦国。秦国有多余的力量利用诸侯国的困难而控制他们,追逐败逃的敌人,〔诸侯国〕死亡百万士卒,流血把盾牌都漂浮起来了,〔秦〕乘着有利的形式,宰割天下。

③他日,驴一鸣,虎大骇,远遁,以为且噬己也,甚恐。然〔 〕往来视之,觉无异能者。〔 〕益习其声,又近出前后,终不敢搏。(柳宗元:《黔之驴》)——过了些时候,驴一叫,老虎非常惊恐,逃得远远的,以为将要咬自己,特别害怕。然而〔虎〕走来走去看驴,发现驴并没有特别的本领,〔虎〕更加习惯驴的声音,又走近驴的前后,始终不敢扑上去。

④庞涓恐其贤于己,〔 〕疾之,〔 〕则以法刑断其两足而黥之,欲隐勿现。(《史记·孙子吴起列传》)——庞涓怕孙膑才能超过自己,〔庞涓〕嫉妒他,〔庞涓〕就制造罪名挖去了他的膝盖骨,并在脸上刺了字,使孙膑隐藏起来不能露面。

204

⑤郤子至，请伐齐，晋侯弗许。〔　〕请以其私属，〔　〕又弗许。(《左传·宣公十七年》)——郤克（晋大夫）到了晋国，请求攻打齐国，晋侯不答应。〔郤克〕请求带领宗族去攻打齐国，〔晋侯〕也不答应。

以上五个例句中，例①"奔"的主语是"吴"，"食而从之"的主语是"楚"。例②"争割地而赂秦"和"伏尸百万"的主语是"天下诸侯"，"因利乘便"的主语是"秦"。例③"往来视之"和"益习其声"的主语是"虎"。例④"疾之"和"以法刑断其两足而黥之"的主语是"庞涓"。例⑤"请以其私属"的主语是"郤子"，"有弗许"的主语是"晋侯"。这五个例句的主语都是承接上句主语而省略。

（二）承接上句宾语省略：就是一句的主语在上句的宾语中出现过，有时主语承接宾语而省略，例如：

①使子路反见之，〔　〕至，则〔　〕行矣。(《论语·微子》)——叫子路回去再去看看老丈，〔子路〕回到那里，〔老丈〕却走开了。

②山有小口，〔　〕仿佛若有光，便舍船，从口入，〔　〕初极狭，才通人。(陶渊明：《桃花源记》)——山有个小口，〔小口〕处像有光似的。于是丢下船，从小口走进去，〔小口〕开始的地方非常狭

窄，只能通过一个人。

③居五日，桓侯体痛，使人索扁鹊，〔　〕已逃秦矣。(《韩非子·喻老》)——过了五天，齐桓侯身体疼痛，让人寻找扁鹊，〔扁鹊〕已经逃到秦国去了。

④相如度秦王特以诈，佯为予赵城，〔　〕实不可得。(《史记·廉颇蔺相如列传》)——蔺相如估计秦王不过是用计，假装换给赵国城邑，〔城邑〕实际是不可能得到的。

例①"至"的主语是"子路"，在上句中，作"使"的宾语，承前宾语而省略主语。"行矣"的主语是"丈人"，在上句中作"见"的宾语，用"之"指代。也是承前宾语而省略主语。例②"仿佛若有光""初极狭"的主语是"小口"，在上句中作"有"的宾语，承前而省略主语。例③"已逃秦矣"的主语是"扁鹊"，在上句中是"索"的"宾语"，承前宾语而省略主语。例④"实不可得"的主语是"赵城"，在上句中作"予"的宾语，承前宾语而省略主语。

（三）见下省略：有时一个句子主语没有出现，但这个主语在后面的句子中出现，这就是主语见下省略。例如：

①〔　〕夜闻汉军四面皆楚歌，项王乃大惊曰："汉皆得楚乎？是何楚人之多也？"(《史记·项羽

本纪》)——〔项王〕夜里听见四面汉军都唱楚歌，项王于是非常慌恐，说："汉军已经完全得到楚国了吗？为什么楚人这么多呢？"

②七月〔　〕在野，八月〔　〕在宇，九月〔　〕在户，十月蟋蟀在我床下。(《诗经·豳风·七月》)——七月〔蟋蟀〕在野外，八月〔蟋蟀〕在屋檐下，九月〔蟋蟀〕在门里，十月蟋蟀到我床下。

③〔　〕即出军门，群臣皆惊，文帝曰："嗟乎，此真将军矣！……"(《汉书·张陈王周传》)——〔汉文帝和群臣〕已经出了军门，群臣都非常惊讶。汉文帝说："啊！这才是真正的将军。……"

例①第一句话中主语未出现，主语"项王"在第二句中出现，第一句主语是见下省略。例②主语在第一、第二、第三句中都没有出现，主语"蟋蟀"在第四句中出现，前三句主语是见下省略。例③第一句话中主语未出现，主语"汉文帝和群臣"在第二句和第三句中出现。第一句主语见下省略。这种见下省略的句式较承前省略的少见。

（四）对话省略：对话省略是指省略对话的双方或一方，以及省略对话内容中的主语。例如：

①齐人有冯谖者，贫乏不能自存，使人属孟尝君，愿寄食门下。孟尝君曰："客何好？"〔　〕

曰："客无好也。"〔　〕曰："客何能？"〔　〕曰："客无能也。"孟尝君笑而受之，〔　〕曰："诺。"（《战国策·齐策》）——齐国有个叫冯谖的人，穷得无法生活，使人说要依托孟尝君，愿做他的门下食客。孟尝君说："客人有什么爱好？"〔人〕回答说："客人没有什么爱好。"〔孟尝君〕说："客人有什么才能？"〔人〕回答说："客人没有什么才能。"

②公曰："小大之狱，虽不能察，必以情。"〔　〕对曰："〔　〕忠之属也。"（《左传·庄公十年》）——鲁庄公说："大大小小的诉讼案件，虽然不能做到一一明察，但一定要根据实情处理。"〔曹刿〕回答说："〔这〕算作忠于职守一类的情况。"

③孟子曰："许子必种粟而后食乎？"〔　〕曰："然。"〔　〕"许子必织布然后衣乎？"〔　〕曰："否，许子衣褐。"（《孟子·滕文公上》）——孟子说："许行一定自己种庄稼才吃饭吗？"〔陈良〕说："对。"〔孟子说〕："许行一定自己织布才穿衣吗？"〔陈良〕说："不，许子穿粗麻织成的衣服。"

④樊哙曰："今日之事何如？"良曰："〔　〕甚急！"（《史记·项羽本纪》）——樊哙说："今天的事情怎么样？"张良说："〔今天的事情〕很危急。"

例①"曰"前省略了对话的双方,省略主语"孟尝君"和"人"。例②"对曰"前面省略了主语"曹刿";"忠之属"前面省略了"此"或"是"。例③也是省略了对话的双方,省略主语"孟子"和"陈良"。例④"甚急"前省略了主语"今日之事"。

二、谓语的省略

在一定的语言环境中,古代汉语的谓语也可以省略,这种省略在古代散文里比较少见,在古诗中较多。例如:

①为客治饭,而自〔 〕藜藿。(《淮南子·说林训》)——给客人做好的饭食,而自己却〔做些〕野菜。

②王不待大,汤以七十〔 〕,文王以百里〔 〕。(《孟子·公孙丑上》)——称王使天下归服不必凭借国力的强大,商汤以七十里〔称王〕,周文王以百里〔称王〕。

③一鼓作气,再〔 〕而衰,三〔 〕而竭。(《左传·庄公十年》)——第一次击鼓振作士气,第二次击鼓士气衰退,第三次击鼓士气就衰竭了。

④杨子之邻人亡羊,既率其党〔 〕,又请杨子之竖追之。(《列子·说符》)——扬子的邻居丢失

了羊,邻居就带领他的全家去〔追寻〕,又请扬子的童仆去追寻。

⑤故国犹〔　〕兵马,他乡亦〔　〕鼓鼙。(杜甫:《送远》)——故乡依然〔遭〕兵马之乱,他乡还〔闻〕鼓鼙的声音。

例①第二句省略了谓语"治",例②第二、三句省略了谓语"王",例③第二、三句省略了谓语"鼓"。这三个例句都是承前省略。例④第二句省略了谓语"追",这是见下省略。例⑤第一句省略谓语"遭",第二句省略谓语"闻",这是诗歌中的省略。

三、宾语的省略

在古代汉语中,宾语也可以省略,往往是承上文而省略。宾语的省略比主语的省略要少。省略的宾语往往可以用"之"字代替。例如:

①太祖累书呼〔　〕,又敕郡县发遣〔　〕。(《三国志·华佗传》)——太祖(曹操)屡次用书信召唤〔华佗〕,又下诏令让郡县遣送〔华佗〕。

②我持白璧一双,欲献〔　〕项王;玉斗一双,欲与〔　〕亚父。(《史记·项羽本纪》)——我带来一双白璧,想献〔它〕给项王;一双玉斗,想赠

〔它〕给亚父。

③途中两狼缀行甚远。屠惧,投〔　〕以骨。(蒲松龄:《狼》)——路上有两只狼,跟着走了很远。屠夫很害怕,扔给〔它们〕一块骨头。

④叩石垦壤,箕畚运〔　〕于渤海之尾。(《列子·汤问》)——打石挖土,用箩筐〔把土石〕运到渤海的边上。

⑤今削之,亦反;不削之,亦反。削之,其反亟,祸小;不削〔　〕,反迟,祸大。(《史记·吴王濞列传》)——如今削除他,他也要反;不削除他,他也要反。削除他,他反得快,祸患小;不削除〔他〕,他反得慢,祸患大。

例①"呼""发遣"后省略宾语"华佗"。例②"献"后省略宾语"白璧","与"后省略宾语"玉斗"。例③"投"后省略宾语"狼"。例④"运"后省略宾语"土石"。例⑤"削"后省略宾语"他"。这五个例句中省略的宾语都可用"之"字代替。

四、兼语的省略

古代汉语里,在使令句等句式中,兼语有时可以省略。省略的兼语一般见于上文。例如:

①扶苏以数谏故，上使〔　〕外将兵。(《史记·陈涉世家》)——扶苏因为多次劝谏皇帝的缘故，皇帝派〔扶苏〕在外面带兵。

②有圣人作，構木为巢以避群害，而民悦之，使〔　〕王天下，号之曰有巢氏。(《韩非子·五蠹》)——有圣人兴起来，架起树木做窝，用来逃避禽兽的侵害，人民拥戴他，让〔圣人〕统治天下，称他为有巢氏。

③以相如功大，拜〔　〕为上卿。(《史记·廉颇蔺相如列传》)——因为蔺相如功劳大，拜〔相如〕为上卿。

④广故数言欲亡，忿恚尉，令〔　〕辱之以激怒其众。(《史记·陈涉世家》)——吴广多次说要逃跑，让尉发怒，令〔尉〕侮辱他以激怒他的部下。

⑤沛公曰："君为我呼〔　〕入，吾得兄事之。"(《史记·项羽本纪》)——沛公说："请你为我叫〔项伯〕进来，我把他当兄长一样侍奉他。"

例①"使"后省略兼语"扶苏"。例②"使"后省略兼语"圣人"。例③"拜"后省略兼语"相如"。例④"令"后省略兼语"尉"。例⑤"呼"后面省略兼语"项伯"。因为所省略的兼语一般都见于上文，因此可以用"之"或"其"代替它。

五、介词宾语的省略

介词"以""为""与"等的宾语,往往由于上文出现过而省略。

①虎视之,庞然大物也,以〔 〕为神。(柳宗元:《黔之驴》)——老虎看它是个大家伙,以为〔驴〕是神。

②衣食所安,弗敢专也,必以〔 〕分人。(《左传·庄公十年》)——衣食等所用来安身的物品,不敢专有,一定拿〔它〕来分给其他的人。

③此人一一为〔 〕具言所闻。(陶渊明:《桃花源记》)——这个渔人一件一件地给〔村中人〕详细讲自己见到听到的事情。

④于是秦王不怿,为〔 〕一击缶。(《史记·廉颇蔺相如列传》)——于是秦王很不高兴,为〔赵王〕敲了一下缶。

⑤独守丞与〔 〕战谯门中。(《史记·陈涉世家》)——只有守丞与〔他们〕在城楼下打仗。

⑥项伯乃夜驰之沛公军,私见张良,具告以事,欲呼张良与〔 〕俱去。(《史记·项羽本纪》)——项伯于是连夜骑马到沛公军中,悄悄会见张良,把项羽要消灭刘邦的事情全都告诉了张良,想

叫张良跟〔他〕一起走。

例①"以"后省略宾语"驴"。例②介词"以"后省略宾语"衣食"。例③介词"为"后省略宾语"村中人"。例④介词"为"后省略宾语"赵王"。例⑤介词"与"后省略宾语"他们"。例⑥介词"与"后省略宾语"项伯"。这些省略的宾语,一般都可用"之"代替。

六、介词的省略

在古代汉语中,介词"以""于"有时也可以省略,这一点应引起我们的注意。例如:

①死马且买之〔　〕五百金,况生马乎?(《战国策·燕策》)——死马还要〔用〕五百金买它,何况活马呐?

②纵江东父兄怜而王我,我〔　〕何面目见之!(《史记·项羽本纪》)——即使江东父兄怜悯而让我做王,我〔以〕什么脸面见他们!

③试与他虫斗,虫尽靡;又试之〔　〕鸡,果如成言。(蒲松龄:《促织》)——试着让它和其他的蟋蟀斗,那些蟋蟀都斗败了;又〔用〕鸡试着和它斗,果然像成所说的一样。

④乃丹书帛曰"陈胜王",置〔　〕人所罾鱼腹

中。(《史记·陈涉世家》)——于是用朱砂在一块帛上写上"陈胜王",放〔在〕捕得的鱼肚子里。

⑤齐威王问用兵〔　〕孙子。(《孙膑兵法·威王问》)——齐威王〔向〕孙膑问用兵打仗的道理。

⑥沛公军〔　〕霸上,未得与项羽相见。(《史记·项羽本纪》)——沛公驻军〔在〕霸上,没能和项羽见面。

例①"五百金"前面省略了介词"以"。例②"何面目"前省略了介词"以"。例③"鸡"前省略了介词"以"。这三个例句中的"以"字,可以译为"用""拿"等。例④"人所罾鱼腹中"前面省略了介词"于",可译为"在"。例⑤"孙子"前省略介词"于",可译为"向",介绍对象。例⑥"霸上"前省略介词"于",可译为"在",介绍处所。

七、定语的省略

古代汉语在一定语言环境下,定语可以省略,而在现代汉语中,定语一般是不能省略的。人称代词作定语,有时可以省略。例如:

①而〔　〕乡邻之生日蹙。(柳宗元:《捕蛇者说》)——可是〔我的〕乡邻的生活一天比一天

窘迫。

②以〔 〕残年余力，曾不能损山之一毛，其如土石何？（《列子·汤问》）——靠〔你的〕余年之力，还不能损害山上的一根草，能把土石怎么样呢？

③此其近者祸及〔 〕身，远者及其子孙。（《战国策·赵策》）——那些人当中，近的灾祸就降临到〔他们的〕本身，远的灾祸就降临到他们的子孙头上。

例①省略第一人称代词"吾"，作"我的"讲，指代"捕蛇者"。例②省略第二人称代词"汝"，作"你的"讲，指代"愚公"。例③省略第三人称代词"其"，作"他们的"讲，指代"赵国及诸侯的本身"。

八、定语中心词的省略

古代汉语的定语中心词，在一定语言环境下，有时可以省略。例如：

①行一不义〔 〕，杀一无罪〔 〕，而得天下，仁者不为也。（《荀子·王霸》）——做一件不义〔的事〕，杀一个无罪〔的人〕，而能得到天下，仁义的人都是不会做的。

②将军身披坚执锐，伐无道〔 〕，诛暴秦，

复立楚国之社稷,功宜为王。(《史记·陈涉世家》)——将军身披铠甲,手执兵器,讨伐无道的〔君主〕,诛灭暴秦,重建楚国的社稷,劳苦功高,应该称王。

③赏必加于有功〔 〕,刑必断于有罪〔 〕。(《史记·范雎蔡泽列传》)——赏赐一定要加给有功〔的人〕,刑罚一定要判给有罪〔的人〕。

例①"不义""无罪"定语后省略了中心词"事"和"人"。例②"无道"定语后省略中心词"君"。例③"有功""有罪"定语后省略中心词"人"。

第十六讲 古代汉语的修辞

学习古代汉语，不仅应当学习词汇方面和语法方面的知识，还应学习一些修辞方面的知识，最重要的是要了解古代汉语修辞中使用的各种方式。古代汉语中的修辞方式很多，我们只讲几种古书中常见的修辞方式。

一、引用

古人写文章常常喜欢援引前人的事迹或摘取古代典籍中的词句来阐明自己的看法，由于所引用的材料很多是早为人们所熟悉的，容易为人们所相信，这可以增加作品的说服力，使作品丰富充实，增加生动性。引用的材料十分广泛，有名言、成语、谚语、典故、人物、事件，等等。引用的类别可以概括为三种：引言、引事、引文。

引言：是指引用不见于书本的格言、俗语、谚语、歌谣等。例如：

①周任有言曰："陈力就列，不能者止。"（《论语·季氏》）——周任有句话说："能够贡献自己的力量，就去任职，如果不能，就辞职。"

②屈原曰："吾闻之，新沐者必弹冠，新浴者必

振衣。"（屈原：《渔夫》）——屈原说："我听说过，新洗头的人一定弹弹帽子，新洗澡的人一定抖抖衣裳。"

③谚曰："桃李不言，下自成蹊。"此言虽小，可以喻大也。（《史记·李将军列传》）——谚语说："桃李不会说话，（但有果实吸引人，人们不约而往）树的下面自然走出一条路。"这句话说的是小事，但可以比喻大事。

④故渔者歌曰："巴东三峡巫峡长，猿鸣三声泪沾裳。"（《水经注·巫山巫峡》）——因此渔夫的歌唱道："巴东三峡巫峡最长，猿啼叫几声眼泪浸湿了衣裳。"

引事：是行文中引用历史故事。这种修辞方法，在辞赋、骈文、散文、诗歌中都经常使用。例如：

睢园绿竹，气凌彭泽之樽；邺水朱华，光照临川之笔。（王勃：《滕王阁序》）——梁孝王睢园的游宴，酒量豪气超过陶渊明；曹氏父子西园的游宴，文章的光彩超过谢灵运。

这里一连用了四个典故，我们从句中出现的人名、地名，大致能知道这些故事出自何处，它的原意是什么。这是明引。

在阅读古书时，要特别注意暗引。暗引就是不明说出所引用的材料，有时对原材料加以改变后引用。例如：

①悟已往之不谏，知来者之可追。实迷途其未远，觉今是而昨非。（陶渊明：《归去来兮辞》）——后悔过去的不能再挽回，知道未来的还赶得上。确实迷了路但还不很远，认识到现在是对的，而过去是错了。

②文武并用，垂拱而治。何必劳神苦思，代百司之职役哉！（魏征：《谏太宗十思疏》）——文武并重，就可以垂衣拱手、无为而治了。何必一定要国君来劳神苦思，代行百官的职务呢？

例句①"悟已往之不谏，知来者之可追"引自《论语·微子》："凤兮，凤兮，何德之衰！往者不可谏，来者犹可追！"第三句引自《离骚》："回朕车以复路兮，及行迷之未远。"例句②"垂拱而治"这句话出自《尚书·成武》，原是歌颂周武王伐商后，任用贤人，做到"无为"而治。

引文：是引用见诸典籍的文字。先秦著作以引经书为主，如《孟子》引《诗经》30次，引《书经》20次，《荀子》引《诗经》达70次，引《书经》12次。汉以后，引书的面就很广泛了。

明引，读者一看就明白，明确指明出处、作者或书名。

例如:

　　管子曰:"仓廪实而知礼节。"民不足而可治者,自古及今,未之尝闻。古之人曰:"一夫不耕,或受之饥;一女不织,或受之寒。"(贾谊:《论积贮疏》)——管子说:"粮仓充实了百姓就懂得礼法。"人民的食用不足而国家能够得到治理的,从古至今,没有听说过。古人说:"一个男人不耕种,就会有人挨饿;一个女子不纺织,就会有人受冻。"

先引管子的话,再引古人的话,都是明引。
暗引:暗引是不说明出处。例如:

　　商旅不行,樯倾楫摧,薄暮冥冥,虎啸猿啼。(范仲淹:《岳阳楼记》)——商人旅客无法成行,桅杆折断了,船桨也折断了,黄昏时阴晦异常,虎在长啸猿在哀鸣。

"商旅不行"出自《易经·复卦》,如不熟悉典籍,就看不出这是引文。

二、比喻

也叫譬喻,就是借具体常见的事物或道理,说明生疏的抽象的事物或道理。明喻在本体和喻体之间有喻字，像、如、犹、若、似等都是喻字。例如：

①夫其败也，如日月之食焉，何损于明？（《左传·宣公十二年》）——他的战败，如同日蚀月蚀，哪里会损害它的光明？

②以若所为，求若所欲，犹缘木而求鱼也。（《孟子·齐桓晋文之事》）——拿你所做的，去求你所希望的，好像爬到树上去抓鱼。

③民之望之，若大旱之望雨也。（《孟子·滕文公上》）——人民盼望他（贤明君主），像大旱时盼望下雨一样。

④日出江花红似火，春来江水绿如蓝。（白居易：《忆江南》）

隐喻，又称暗喻，是对明喻而言。隐喻没有任何标志。例如：

①如今人方为刀俎，我为鱼肉，何辞为？（《史记·鸿门宴》）——现在人家是刀案，我们是鱼肉，还告辞做什么？

②曹公，豺虎也。（《资治通鉴·赤壁之战》）——曹操像豺狼猛虎。

③秦，虎狼之国，不可信。（《史记·屈原列

传》）——秦像虎狼之国，不可相信。

④天下云集而响应，赢粮而景从。（贾谊：《过秦论》）——天下的人像云一样聚拢，像回声一样响应，担着粮食像影子一样跟从陈涉。

例句①用"刀俎"比喻项羽一方，鱼肉比喻刘邦一方，形象地说明了敌强我弱的形势。例句②是用判断句表比喻的方式，谓语部分是比喻。全句是说曹操好像豺虎一样，用豺虎的凶猛形容曹公的险恶，例句③也是一个判断句，谓语"虎狼之国"是比喻，说明秦国的凶残。例句④"云集""响应""景从"都是比喻，"云集"是"像云一样聚集"，"响应"是"像回声一样应和"，"景从"是"像影子一样跟从"。

博喻，选取两个以上的比喻来说明一定的事理，称博喻。例如：

岂惟民哉？麒麟之于走兽，凤凰之于飞鸟，泰山之于丘垤，河海之于行潦，类也。圣人之于民，亦类也。（《孟子·公孙丑上》）——难道只有人类有高下吗？麒麟对于走兽，凤凰对于飞鸟，泰山对于土堆，河海对于小溪，何尝不是同类。圣人对于百姓，也是同类。

这个例子共用四个比喻。

三、代称

代称是不直称某一事物的名称,而用与它有密切关系的另一事物的名称来代替它。

用事物的属性特征指代该事物。例如:

①臣以为布衣之交尚不相欺,况大国乎?(《史记·廉颇蔺相如列传》)——我认为平民之间都不相互欺骗,何况大国呢?

②五月渡泸,深入不毛。(诸葛亮:《出师表》)——我在五月渡过泸水,深入不毛之地作战。

③为肥甘不足于口与?轻暖不足于体与?(《孟子·齐桓晋文之事》)——是为了肥美的食物不够吃呢?又轻又暖的衣服不够穿呢?

例句①中"布衣"指代"平民",因为布衣为平民所穿。例句②中"不毛"指代荒凉之地。例句③中"肥甘"指代美味食物,"轻暖"指代高贵衣服。

用特称指代泛称。例如:

①其带剑者,众徒属立节操以显其名,而犯五官之禁。(《韩非子·五蠹》)——那些游侠刺客,聚集门徒部属,标榜气节操守,用以宣扬他们的名声,

违犯国家的禁令。

②一夫作难而七庙隳。(贾谊:《过秦论》)——可是一个农夫发兵起事,竟然使宗庙毁灭,国家败亡。

③此犹粱肉之与糟糠也。(《墨子·公输》)——这就好像好米肥肉同糟糠作比一样。

④大雅久不作,吾衰竟谁陈?(李白:《古风》)

例句①中"五官之禁"本来指司徒、司马、司空、司士、司寇的禁令,这里泛指国家法令。例句②中"七庙"本为天子的宗庙。《礼记·王制》:"天子七庙,三昭三穆,与大祖之庙而七。"("昭、穆",宗庙的位次,左为昭,右为穆。"大祖",即太祖,开国的君主)。例句③中"粱肉"泛指好的食物,"糟糠"泛指粗劣的食物。例句④中"大雅"是《诗经》的组成部分之一,这里泛指有优秀传统的古诗。

用泛称指代特称,例如:

①晋国,天下莫强焉。(《孟子·梁惠王上》)——魏国的强大,当时天下是没有别的国家能够赶得上的。

②相如曰:"王必无人,臣应奉璧往使。"(《史记·廉颇蔺相如列传》)——大王如果实在找不着合适的人,我愿意带着璧玉去一趟。

③执策而临之曰:"天下无马。"呜呼!其真无

马邪？其真不知马也。（韩愈：《杂说四》）——却拿着鞭子面对它说："天下没有好马。"唉！是真的没有好马吗？是真不能识别好马罢了。

例句①中"晋国"原本包括战国时的韩、赵、魏三国，但战国的时候，"晋国"成为特称，专指魏国。例句②中"人"不是指所有人，而是特指出使秦国的人。例句③中"马"不是指所有的马，而是指千里马。

四、夸饰

又叫夸张、铺张。夸张是运用想象要把事物的某些方面的特点突出出来，以加强表达效果。例如：

①瞋目视项王，头发上指，目眦尽裂。（《史记·鸿门宴》）——瞪着眼睛看着项王，头发直竖起来，眼眶都要裂开了。

②秦有余力而制其弊，追亡逐北，伏尸百万，流血漂橹；因利乘便，宰割天下，分裂山河。（贾谊：《过秦论》）——使秦国能有更多的力量利用各国诸侯的弱点，追逐逃亡的军队，杀死的人不下百万，流下的血能漂起盾牌；也使秦国乘着有利形式，任意宰割天下，分裂吞并各国。

③大喜，笼归。举家庆贺，虽连城拱璧不啻也。

(《聊斋志异·促织》)——成名喜欢极了，用笼子带回家，全家人都庆贺，认为即使价值连成的玉璧也比不上啊。

④挟泰山以超北海，语人曰："我不能。"是诚不能也。(《孟子·齐桓晋文之事》)——用胳膊挟着泰山而越过北海，对别人说："我不能。"这确实是不能。

例句①是极言樊哙之愤怒，并不是真的头发能上指。例句②流血把橹漂起来，是说流血很多。例句③"连城拱璧"是说蟋蟀的珍贵。例句④"挟泰山""超北海"都无法做到，都有夸张的性质，把两件有夸张性质的事连在一起，就更增加夸张的力量。

五、并提

并提是把两件相关的两件事并列在一个句子中来表达。例如：

①耳目聪明。(《史记·范雎蔡泽列传》)——耳聪目明。

②夫种蠡无一罪，身死亡。(《汉书·韩王信传》)——大夫种无罪，自杀而死；范蠡无罪，亡命出逃。

③自非亭午夜分,不见曦月。(郦道元:《水经注·江水》)——若不是在正午、半夜的时候,连太阳和月亮都看不见。

例句①是"耳"与"聪"相配,"目"与"明"相配,是两个主谓结构,应是"耳聪目明"。例句②"种"是越国大夫种(文种),越王灭吴后,赐剑给种,令其自杀;"蠡"是越国的范蠡,越王勾践灭吴后,辞官而去。因此,自杀而死的是"种",逃亡的是"蠡"。例句③"亭午""夜分"是不能并存的两个时间,"曦""月"是两种不同的自然现象,合起来是讲不通的,这是并提的修辞法,应理解为:"自非亭午不见曦""自非夜分不见月"。

六、互文见义

又称"互文""互见""互体"。它的特点是上下文义互相呼应,彼此补充渗透。互文见义的形式有本句互见和对句互见两种。本句互见,是在同一句中前后两个词语在意义上互见,例如:

①秦时明月汉时关,万里长征人未还。(王昌龄:《出塞》)
②巴山楚水凄凉地,二十三年弃置身。(刘禹锡:《酬乐天扬州初逢席上有赠》)

③烟笼寒水月笼沙，夜泊秦淮近酒家。（杜牧：《泊秦淮》）

例句①"秦"与"汉"互文，"秦"包含了"汉"，"汉"包含了"秦"，应理解为：秦汉时的明月秦汉时的关。例句②"巴山楚水"泛指"巴""楚"一带的山水。例句③"烟"和"月"互文，应理解为：烟既笼照寒水也笼照沙，月既笼照沙也笼照寒水。

对句互见就是前后两句中某些词语互相补充，前句中隐含后句，后句中隐含前句。例如：

①东西植松柏，左右植梧桐。（《孔雀东南飞》）
②受任于败军之际，奉命于危难之间。（诸葛亮：《出师表》）——就在军事失利，形势危急的时候，我接受了先帝的任命。
③叫嚣乎东西，隳突乎南北。（柳宗元：《捕蛇者说》）——到处乱喊乱叫，乱冲乱闯。
④不以物喜，不以己悲。（范仲淹：《岳阳楼记》）——不因他们环境好而高兴，也不因自己的不幸而悲哀。

例句①"左右""东西"互文，是说左右东西全种上了松柏梧桐。例句②"受任"与"奉命"互文，"败军之际"与"危难之间"互文。例句③"叫嚣"与"隳突"互文，"东西"与

"南北"互文。例句④"喜"与"悲"互文。

七、委婉

不直言其事,故意把话说得含蓄、婉转一些,叫委婉语。古代汉语委婉的表示法主要有下面四种:

1. 表谦虚:古人在对话或书信中使用了大量"谦词",表委婉。例如:

①臣闻吏议逐客,窃以为过矣。(李斯:《谏逐客书》)——我听说大臣们议论逐客,我私下认为这是不对的。

②愚以为营中之事,事无大小,悉以咨之。(诸葛亮:《出师表》)——我认为,宫廷里的事情,不管大小,都要和他们商量。

2. 避粗俗:

权起更衣,肃追于亭下。(《资治通鉴·汉献帝建安十三年》)——孙权起来上厕所,鲁肃追到亭子下。

古人讳言上厕所,说"更衣"。

3. 避忌讳:古人有许多忌讳。古人讳言死,关于死便有各种各样的委婉表示法。例如:

①一旦山陵崩，长安君何以自托于赵。（《战国策·赵策》）——一旦太后逝去，长安君凭什么在赵国立身呢。

②吾虽都关中，万岁后吾魂魄犹乐思沛。（《史记·高祖本纪》）——我虽然建都关中，千秋万岁后我的魂魄也还是要思念故乡的。

③恐卒然不可为讳，是仆终已不得舒愤懑以晓左右。（司马迁：《报任安书》）——恐怕转眼之间你就会遭到不幸，这样，我便终生不能抒发心中的愤懑让你有所了解。

4.外交辞令：古代汉语中有许多外交辞令用委婉的语气表达，有理有节，又不失分寸。

及楚，楚子飨之，曰："公子若反晋国，则何以报不谷？"对曰："子女玉帛，则君有之；羽毛齿革，则君地生焉。其波及晋国者，君之余也。其何以报君？"曰："虽然，何以报我？"对曰："若以君之灵，得反晋国，晋楚治兵，遇于中原，其辟君三舍。若不获命，其左执鞭弭，右属櫜鞬，以与君周旋。"（《左传·僖公二十三年》）——到达楚国，楚王设享礼招待他，说："公子如果回到晋国，用什么报答我呢？"公子回答说："子女、玉帛、那是君王所拥有的；鸟羽、皮毛、象牙、犀革，即是君王土地上所生长的。那些波及晋国的，已经是君王的剩余了，我能用什么来报答君王呢？"楚王说："尽管这样，究竟用什么来报答我？"公子回答说："如果托君王的福，得以回到晋国，一旦晋、楚两国演习军事，在中原相遇，那就后退九十里。如果还得不到君王的宽大，那就左手执鞭执弓，右手挂着弓袋箭袋，跟君王较量一下。"

晋文公重耳在即位前，曾流亡国外，后来到了楚国，楚君对他给予热情接待。楚君问重耳"何以报我"，重耳说了这段话。晋文公的话很有礼貌，但又不失原则。

第十七讲 古代汉语的翻译

以上几讲，我们分别介绍了古代汉语的实词、虚词、一些特殊句式和修辞，下面简单谈一谈怎样把文言文翻译成现代汉语。

要翻译文言文，先要弄清翻译和注释的区别。注释主要是对文言文的词义作解释。例如，《曹刿论战》课文后面的注解："牺牲，指牛、羊、猪；玉帛，指玉器、丝绸等物品，这些是封建社会祭神用的。……"翻译是把古汉语改写为现代汉语。因为古汉语和现代汉语除了表现在词汇方面的区别之外，在语法方面也有某些演变，所以把文言文按词义注释串起来还不是翻译。

我们在以前各讲中，已把古代汉语中特殊的词法和句法现象大致作了介绍。翻译，就是对以上所学知识的一种综合利用。它的实用性很强，这一点不用多说。下面就从实用的角度，归纳以前讲过的内容与方法，综合地讲一讲有关翻译的问题。

一、翻译的步骤

翻译的步骤有个口诀：通览全文，领会大意。如无标点，琢磨断句。斟酌词义，联词成句。贯穿句段，连成一气。翻译完毕，检查仔细。

二、翻译的原则

翻译文言文的原则有三句话：字字落实，直译为主，意译为辅。

所谓"字字落实"，就是对文言文句子中每个词的意义或语法功能都要理解，在现代汉语译文中都有反映（个别文言虚词如发语词"夫"等例外）。

（一）直译，就是直接按照原文的词义和词序进行翻译。由于现代汉语是从古代汉语继承过来的，无论词汇、语法都有很多相同之处，因此在一般情况下，只要确切理解文言文句子的词义，在译文中字字有着落，就可以达到准确、通顺的要求。例如：

①齐师伐我。（《左传·庄公十年》）

翻译为：齐国的军队攻打我国。

②本在冀州之南，河阳之北。（《列子·汤问》）

翻译为：本来在冀州的南部，河阳的北部。

（二）意译，是按照原文的意思翻译。如果直译后语言不顺，意思不明确或者内容表达得不透彻，就用意译。例如：

①蚓无爪牙之利，筋骨之强……（《荀子·劝学》）

翻译为：蚯蚓虽然没有锋利的爪牙和坚强的筋骨……

②忠之属也。(《左传·庄公十年》)

翻译为：尽力做好本分的事。

这样译出的句子，意思表达得更加透彻，比直译好些。当然，在意译时，首先必须将词的本义搞清楚，不要囫囵吞枣，使意思不准。

三、翻译的方法

翻译的方法很多很活，为了帮组大家掌握基本方法，我们可以用"留""补""删""换""调"五个字来概括。下面分别介绍一下。

（一）"留"，就是保留。凡是古今意义相同的词，以及帝号、国号、年号、人名、地名、官名、度量衡单位等等，都可以在译文中保留下来。例如：

①北山愚公者，年且九十，面山而居。(《列子·汤问》)
②陈胜者，阳城人也，字涉。(《史记·陈涉世家》)
③（秦）二世元年七月……屯大泽乡。（同上）
④陈胜自立为将军，吴广为都尉。（同上）

（二）"补"，就是补充。需要补充的有以下两种情况：

第一种情况是，古代汉语大多是单音词，现代汉语的双音词中有不少是以文言词汇为基本词素而发展成的。翻译时要把这些文言单音词补充为相应的现代汉语双音词。例如：

①学（学习）不可以已。（《荀子·劝学》）
②吾尝终日而思（思考）矣。（同上）
③项燕为楚（楚国的）将（大将），数有功（战功），爱（爱护）士卒。（《史记·陈涉世家》）

第二种情况是，古代汉语比较简练，往往可以省略某些句子成分或内容。在翻译的时候就应当根据现代汉语习惯，根据内容的需要，作必要的补充，这样才能通顺而透彻地表达愿意。例如：

①（鲁庄公）十年（的）春（天）。（《左传·庄公十年》）
②（曹刿）问（庄公）："何以战？"（同上）
③一鼓（士兵们）作气，再（击鼓）而（士兵们的勇气）衰，三（击鼓）而（士兵们的勇气）竭。（同上）
④吾视其辙乱，望其旗靡，（证明不是诈败）故逐之。（同上）

上面几个例句中加括号的都是补充部分。其中例②、

③、④中所补充的是省略的成分或内容。

（三）"删"。有的文言虚词，在现代汉语中没有相应的词表示它，不能硬译。有的文言虚词，在现代汉语中虽然有同它相当的词，但如果勉强译出来，反而使句子显得累赘。凡属这两种情况的文言虚词，翻译时都可以删去。例如：

①夫战，勇气也。（《左传·庄公十年》）

这句中的"夫"引起议论，"也"表示肯定的语气。

②陈胜者，阳城人也。（《史记·陈涉世家》）

这句中的"者"起复指提顿作用，"也"表示肯定的语气。

③若有所畏惧，则梦见夫人据案其身哭矣。（《论衡·订鬼》）

这句中的"夫"是个弱化了的轻指代词，起了使语气舒缓的作用。

④登轼而望之。（《左传·庄公十年》）

这句中的"而"连接两个动作，在时间上前后相乘，不必勉强译为"而且"。

上述例句中的虚词"夫""者""也""而",在翻译成现代汉语时,都可以删去。这样可以使句子的结构更加紧凑,语言更加精练,并不损害原意。

(四)"换",就是替换。有很多文言词,在翻译时既不能"留""补",又不能"删",就要"换"。"换"有两种情况:

其一,不少文言词所表示的意义现在还用得着,可是现代汉语已不再用原来的词表示,而用另外的词表示。例如:

①齐师(军队)伐(攻打)我。(《左传·庄公十年》)

②吾(我)尝(曾经)终日而思矣(了),不如须臾(一会儿)之所学也。(《荀子·劝学》)

③锲(刻)而不舍,金石可镂(雕刻通透)。(同上)

其二,同一个词,在文言文和汉代汉语里都常有,但表示的内容有差别,不能以现代汉语的意思去理解古汉语,以免误解。例如:

①牺牲玉帛,弗敢专也……(《左传·庄公十年》)
②……等死,死国可乎?(《史记·陈涉世家》)

例①中的"牺牲",前面已经讲过,是祭神用的牛、羊、猪，是名词，容易误解为现代汉语中的动词"牺牲"。例②中"等"，意思是"同样是"，容易误解为"等待"的意思。

（五）"调"，就是按照现代汉语语法规范调整词序。由于古今汉语语法的演变，有的句型古今表达方式稍有不同，译文要按照现代汉语的习惯处理。例如：

①战于长勺。（《左传·庄公十年》）

译时把介宾词组"于长勺"移到谓语动词"战"之前，译为"在长勺作战"。

②何以战？（同上）

这个疑问句用疑问代词"何"作介宾词组的宾语，这个宾语置于介词"以"的前面。翻译时要把词序调整为"以何战"，译作"凭什么作战"。

③发闾左谪戍渔阳九百人。（《史记·陈涉世家》）

把"九百人""渔阳"都调到"谪戍"之前，译为"调发住在闾左的平民九百人到渔阳去驻守边防"。

"调"是有规律可循的，熟练地掌握了几种常见的文言句式，翻译文言文就会比较顺当和自然了。

第十八讲 古代的文体

古人所讲的文体有两个不同的意思，一是指文章的体裁、类别，一是指文章的风格。这是两个不同的概念，但二者又有联系。曹丕在《典论·论文》中说："奏议宜雅，书论宜理，铭诔尚实，诗赋欲丽。"这几句话的意思是奏议应做到雅，也就是善于运用经典；书信和论说应做到理，也就是要条理清晰；铭诔应做到实，也就是崇尚事实；诗赋应做到丽，也就是要讲究文采。曹丕在这里把文章分成四大类，并谈到了每种的特点。奏议、书论、铭诔、诗赋，是指文章的体裁；雅、理、实、丽，是指文章的风格。

文体的分类历来都不完全相同，其中一个原因是划分的标准不同。文体的划分标准大致依据以下三个方面：一、从语言形式上划分，文体可以分为散文、骈文、韵文三大类；二、按照文章的内容性质划分，如历史著作和哲学著作，前者一般属记事文，后者一般为论说文；三、按照文章的应用划分，如书信、赠序、哀祭、碑志之类，是按应用范围来划分的。

从语言形式划分首先看是否押韵，同时也要看是否讲平仄、对仗。韵文是押韵的，散文是不押韵的。骈文讲究平仄、对仗，句式一般为四六句，所以它自成一类。

下面对韵文、骈文、散文三大类分别加以介绍。

一、韵文

凡是句子押韵的文章，都可以叫韵文，古代的韵文有诗、词、辞赋、赞颂、祭文等。

（一）诗、词

本书第十九讲，第二十讲作详细介绍，故从略。

（二）辞赋

辞和赋本是两种不同的文体。

辞的名称源于"楚辞"。楚辞的代表作家是屈原和宋玉，它们作品有鲜明的楚国的地方特色。汉人把屈原、宋玉等人以及汉代模仿他们风格的作品编辑起来，称为《楚辞》。后来"楚辞"就成了一种文体的名称。楚辞在形式上的特点是：每句四字至十字，广泛应用语气词"兮"。

赋是古代一种重要的文体。赋的基本特点是："铺采摛文，体物写志。"（《文心雕龙·诠赋》）"铺采摛文"讲的是赋的形式，赋的形式是讲究铺陈文辞的。"体物写志"是讲赋的内容，"体物"就是描写客观景物，"写志"就是抒写思想感情。本来辞偏重于抒情，赋偏重于叙事，但后来的赋也有抒情的，如贾谊的《吊屈原赋》。后来"辞"和"赋"逐渐不分，合为"辞赋"一种文体。

赋的句式是不拘字数的，多数以四字句、六字句为主。

辞赋的押韵和诗歌基本相同，最常见的是奇句不用韵，偶句用韵。例如《哀郢》《别赋》，都基本上是这样用韵的。语气词在句尾时,往往是语气词前一个字押韵,语气词不做韵脚。如《离骚》:"余固知謇謇之为患兮,忍而不能舍也。指九天以为正兮,夫惟灵修之故也。"第二句和第四句两句句尾都是语气词"也","也"不做韵脚,而是它前面的"舍"和"故"押韵。

分析古代韵文的用韵,必须有明确的时间概念。《楚辞》和六朝以前的辞赋诗歌,一般用的是先秦古韵。唐以后的作品,用的是"平水韵"。

按照赋的演变和发展,可以分为五种:

(1)骚赋。又称辞赋,是指模拟楚辞而写的一种赋。形式上"兮"字入句,内容上重在写志,如贾谊的《吊屈原赋》。

(2)汉赋。又称古赋,汉赋规模宏大,篇幅很长。如,司马相如的《上林赋》、枚乘的《七发》都有二千四、五百字,张衡的《西京赋》有四千多字。一般采用问答形式,往往可以分成三部分,开头有序,用散文,无韵;中间是赋本身,用韵文描写;结尾再用散文。

(3)骈赋。又称俳赋,主要指六朝时代的赋。受骈文的影响,一般都是四字句和六字句,而且讲究平仄、对仗,一般篇幅不长,内容多取材身边小事,代表作品如江淹的《别赋》。

(4)律赋。也叫近体诗赋,是唐宋时用来考试的赋,按规定的官韵押韵,并讲究对仗,没什么好作品,到元时废除。

（5）文赋。文赋是受唐宋古文运动的影响产生的，文赋接近散文。句式长短不齐，不刻意追求对仗，押韵不受限制，中间夹杂大量散文句子，结构较自由。

（三）铭箴赞颂

这类作品也属于韵文。

铭。铭的作用有二：一用于祝颂，二用于规戒。铭的内容有多种，有记功的，如班固的《十八侯铭》；有记宫室的，如刘禹锡的《陋室铭》。铭文一般都是四字句。

箴。箴往往是自我警戒的格言，基本上是四字韵语。如韩愈的《五箴》。

赞。赞主要表彰赞扬历史人物，也是四字韵语。如韩愈的《后汉三贤赞》。

颂。歌功颂德。一般是四字韵语，也有不押韵的，如韩愈的《伯夷颂》。

（四）哀祭

哀祭包括祭文、诔、哀辞等。都是哀悼死者的文辞，一般都是韵文。如曹植的《王仲宣诔》，袁枚的《祭妹文》。祭文是在祭奠时宣读的，一般用四字韵句，末尾一般有"尚飨"，即希望鬼魂歆享的意思。诔本来是记死者一生的事迹，用以表彰死者的功业德行。一般前面是序，记述死者的事迹；后面是诔辞，寄托对死者的哀思。哀辞和诔差不多，一般也是前有序，后缀哀辞；所不同的是哀辞一般用于身遭不幸而死和童稚夭殇者，内容重于哀痛，与诔的偏重于颂有别。

二、骈体文

骈体文在魏晋以后成为一种正式的文体，南北朝是骈体文发展的全盛时期，一直传至后代。这种文体，使用的范围很广泛，几乎一切叙事说理的文章都可以采用。骈体文中也有一些优秀作品，如王勃的《滕王阁序》，骆宾王的《为徐敬业讨武曌檄》等。《文心雕龙》这部最早的文艺理论著作也是用骈体文写的。骈体文的名称不同朝代有不同的叫法，唐代一般称为"时文"，是对"古文"相对而言的。晚唐开始又称作"四六"或"四六文"，明代以前一直沿用这个名称，直到清代才称作骈体文。

骈体文在语言方面的特点有二：一是讲究对仗，二是讲究用典、藻饰。下面分别加以叙述。

对仗也叫骈偶。二马并架一车叫骈，二人相从叫偶。骈偶就是两两相对。古代的仪仗也是两两相对，因此骈偶又叫对仗。骈体文在语音、语法、词汇三方面都要求对仗。

语音方面，要求平仄相对，但是没有形成固定的格律，没有近体诗要求的那么严格，运用起来比较自由。语法方面，要求有两个：一是词类相对，即名词对名词，动词对动词，形容词对形容词，虚词对虚词。名词、动词、形容词一般都是异字相对，虚词可以是同字相对；二是语法结构要相对，即主谓结构对主谓结构，偏正结构对偏正结构，述宾结构对述宾结构，复句对复句。词汇方面的对仗主要表现为事

类相对。如,动物对动物、植物对植物、天文对天文、地理对地理、人事对人事、器物对器物,等等。例如:

> 佩紫怀黄,赞帷幄之谋;乘轺建节,奉疆场之任。(丘迟:《与陈伯之书》)

这两句从语音上看,"佩紫怀黄"是仄仄平平,"乘轺建节"是平平仄仄,"帷幄"是平仄,"疆场"是平仄,"谋"是平,"任"是仄,基本上相对。("平仄"对"平仄"是允许的)从语言上看,大体上是动词对动词,名词对名词("紫与黄"这里用作名词),虚词对虚词,而且句子结构相同。从词汇上看,两句中相同位置的词大体上同属一类,特别是"佩紫怀黄"和"乘轺建节",首先是"紫"和"黄""轺"和"节"在句中相对,然后又两句相对,就显得很工整。

用典是骈体文的基本表达方式,目的是追求文章的"典雅""含蓄"。例如:

> 睢园绿竹,气凌彭泽之樽;邺水朱华,光照临川之笔。(王勃:《滕王阁序》)

这两句用了四个典故,字面上说的是梁孝王宴客兔园和曹植在西园公宴宾客,以及陶渊明的善饮和谢灵运的善诗,实际上是赞美在滕王阁参加宴会的主人和宾客。由于是用典，而不是直说，文章就显得含蓄、典雅。意在言外，这就必须透过典故来了解文章的真意。

藻饰，就是追求词藻的华丽。骈体文用得最多的词语是颜色、金玉、山水、风月、灵禽、奇兽、香花、异草等类的词。

三、散文

散文这个概念很广泛，凡是韵文、骈文以外的文章，通称为散文，既包括文学作品，也包括非文学作品。

古代散文分四类，现将各种体裁做一个大致的介绍。

（一）史传文

也叫"历史散文"，有三种体裁：编年体、纪传体、纪事本末体。

编年体。其特点是以时间为经，以事件为纬，最早的作品有《春秋》《左传》。宋人司马光主编的《资治通鉴》，也是用的编年体。编年体因是按时间来写历史，所以线索清楚、背景明确，系统性较强，它的缺点是不便于集中地广泛地描写人物。

纪传体。司马迁的《史记》首创了这种体裁。《史记》中的本纪、世家、列传都是以写人物为中心的纪传体，它突破了编年体的局限。在这之后，历代官方所编的史书大都沿用这种体裁。人物传记散文得到广泛发展，不仅史官写，不做史官的文人也可以写；不仅给死人立传，活人也可以立传。有的作家还为下层的百姓立传，如柳宗元的《童区寄传》。

纪事本末体。宋代的袁枢首创这种体裁。他依据《资治通鉴》编了《通鉴纪事本末》。全书共有239个专题，始于"三家分晋"，终于"世宗征淮南"。明、清人又编辑了宋、元、明纪事本末，近人又编辑了《清史纪事本末》，清人还编辑了《左传纪事本末》。这些著作在材料上没有什么大的发展，但按专题来写，把材料集中在一起，脉络清楚，首尾明晰，为读者提供了很大的便利。

（二）杂记文

杂记文的范围比较广泛，史传、碑志以外的记叙文大都可归入这一类。有记山水地理的，如郦道元的《水经注》，柳宗元的《永州八记》；有写事物和风土人情的，如杨衒之的《洛阳伽蓝记》；有记事的，如方苞的《狱中杂记》；有记物的，如魏学洢的《核舟记》。

杂记文可以记事描写，也可以抒情、议论。一般说来，唐代的杂记以叙事为主，宋代则抒情、议论及至考证的成分增多了。

笔记文也是杂记文中的一大部类。古人多把笔记列入小说类。古人所说的小说是"丛残小语""街谈巷语之说"。笔记文以记事为主，其特点是篇幅短小，长者千八百字，短者三言五语。它的内容五花八门，有历史掌故、遗闻轶事、人物短论、文艺随笔、科学小品、读书杂记、志怪杂录等。如南朝宋刘义庆的《世说新语》以品评人物为主，宋沈括的

《梦溪笔谈》记载作者一生的见闻阅历和学术研究成果。笔记文这类作品,往往精芜并存、瑕瑜互见,其中的佳作对补充正史,研究风俗、典章制度有一定参考价值。

(三)说理文

也叫论说文。《论语》是最早的一部语录体说理文。《墨子》《孟子》《庄子》《荀子》《韩非子》都是说理文。先秦没有单篇说理文,秦汉时,单篇说理文也不多见。说理文最重要的体裁有论、说、辩、原、寓言,等等。

论。"论"是议论,它的说理方式以论证为主。有人物论,如苏轼的《留侯论》;有专题论,如贾谊的《过秦论》。

说。"说"是说明,是阐述关于某一事物、问题的道理。如韩愈的《师说》是关于"学者必有师"的道理,柳宗元的《捕蛇者说》是借捕蛇者的口来说明横征暴敛给人民带来深重灾难的道理。"说"大到可以写天,小到写一物,但一般不用这种形式来评论人物或大的政治问题。另一类"说"很接近文学散文,特点是借物喻理,如周敦颐的《爱莲说》。

辩。"辩"的主要特点是辩论。对一个论点和一件事情加以辩驳。韩愈的《讳辩》是辩驳一种错误观点,柳宗元的《辩列子》是辨别一部书的真伪。

原。"原"是对一种理论、制度或社会习俗从根本上加以考察、探讨。如韩愈的《原毁》《原道》,黄宗羲的《原君》《原臣》。

寓言。"寓言"是用比喻或故事来说明一个哲理。先秦诸子中保存不少寓言故事，如《孟子》中的《揠苗助长》，《庄子》中的《庖丁解牛》，《韩非子》中的《守株待兔》，都是流传至今的名篇，都是说理散文中的一部分。后来寓言发展成一种独立的文学形式，如柳宗元的《三戒》。

（四）应用文

应用文的范围相当繁杂，有的应用文是适应封建社会的典章制度需要而产生的。

奏议是臣下给皇帝的书信、报告。其中有书、疏、奏、议、表、状、封事。如李斯的《谏逐客书》，贾谊的《论积贮疏》，诸葛亮的《出师表》，胡铨的《戊午上高宗封事》等。这些名目的出现，有先有后，其使用范围，各个朝代也不完全相同。

对策是奏议的一个附类。这是封建社会选拔人才时的考试答卷。皇帝命题，应举的人把自己的回答写在简策上，因而得名。

诏令是皇帝给臣下的书信、命令。包括策书、制书、诏书、戒敕等。但各朝的制度也不完全相同，即使名称相同，使用的范围也不一样，使用的语言形式也不相同。如敕，唐朝的敕比汉朝的戒敕要广；汉敕是散文，六朝以后的敕有不少是骈文。

赠序始于唐，唐宋以后盛行。赠序表达方式是说理文，但用作赠友人，也是应用文。如韩愈的《送孟东野序》。

把文体分为韵文、骈文、散文三大类，这是从总体上来划分。至于具体作品，也有跨类的，如《战国策》，从内容分属史传文，而就表达形式来看大多数又是论说文。有的文体名同而实异，如《汉书》的赞与铭赞的赞不同，前者属于史论，是散文；后者属于铭类，是韵文。

第十九讲 诗 律

中国是一个诗的国度，我国第一部诗集《诗经》问世距今已有2500多年历史了。自此后，在中国这块大地上产生了无数优秀诗篇和伟大的诗人。诗歌已成为中国文学宝库中最为珍贵的部分。我们学习中国古代文学，就要学习古代的诗歌，而要想更好地阅读和欣赏古代的诗歌，就必须懂一些诗律。所以在这一讲中，我们讲一讲诗的格律。

唐以后，诗分为两大类：一是古体诗，一是近体诗。古体诗是汉魏六朝的诗体；近体诗是唐代新兴的诗体。近体诗在字数、韵脚、声调、对仗各方面都有许多讲究，与古体诗不同。我们讲诗律，主要是近体诗的格律。

一、句数和字数

古体诗的句数是不限的，一首古诗可以很长，也可以很短。全诗字数不拘多少。如王维的《渭川田家》，李白的《梦游天姥吟留别》。

近体诗分为两大类：律诗和绝句。

律诗又分为五言律诗（简称五律）；七言律诗（简称七律）。

五言律诗每句五个字，共八句，全诗四十个字。例如：

李白《送友人》

青山横北郭,白水绕东城。
此地一为别,孤帆万里征。
浮云游子意,落日故人情。
挥手自兹去,萧萧班马鸣。

七言律诗每句七个字,共八句,全诗五十六个字。例如:

杜甫《登高》

风急天高猿啸哀,渚清沙白鸟飞回。
无边落木萧萧下,不尽长江滚滚来。
万里悲秋常作客,百年多病独登台。
艰难苦恨繁霜鬓,潦倒新停浊酒杯。

绝句又分为两类:五言绝句(简称五绝)和七言绝句(简称七绝)。

五言绝句每句五个字,全诗四句,共二十个字。例如:

王维《鹿柴》

空山不见人,但闻人语响。
返影入深林,复照青苔上。

七言绝句每句七个字。全诗四句,共二十八个字。例如:

白居易《忆江南》
曾栽杨柳江南岸，一别江南两度春。
遥忆青青江岸上，不知攀折是何人。

当然，字数和句数固定不是近体诗的最本质特点，其最本质特点是讲究平仄。如果不讲平仄，一首诗尽管字数、句数固定，也不能称为律诗和绝句，仍是古诗。

二、诗韵

《广韵》是现存的一部最早的韵书，共有206韵。韵分得过细，写诗很受拘束。金代的王文郁合并《广韵》《集韵》中的旧韵为107韵，刘渊将其刻成韵书印行，因为王、刘的籍贯是平水（今山西省绛县），故称平水韵。到了元末，阴时夫在平水韵的基础上，考定诗韵为106韵，为后人所沿用。清代及其以后通行的《佩文诗韵》，也是106韵。现在所说的古代诗韵，指的就是平水韵。

平水韵106韵如下：
上平声

一东	二冬	三江	四支
五微	六鱼	七虞	八齐
九佳	十灰	十一真	十二支
十三元	十四寒	十五删	

下平声

一先　二萧　三肴　四豪
五歌　六麻　七阳　八庚
九青　十蒸　十一尤　十二侵
十三覃　十四盐　十五咸

上声

一董　二肿　三讲　四纸
五尾　六语　七麌　八荠
九蟹　十贿　十一轸　十二吻
十三阮　十四旱　十五潸　十六铣
十七篠　十八巧　十九皓　二十哿
廿一马　廿二养　廿三梗　廿四迥
廿五有　廿六寝　廿七感　廿八俭
廿九豏

去声

一送　二宋　三绛　四寘
五未　六御　七遇　八霁
九泰　十卦　十一队　十二震
十三问　十四愿　十五翰　十六谏
十七霰　十八啸　十九效　二十号
廿一箇　廿二祃　廿三漾　廿四敬
廿五径　廿六宥　廿七沁　廿八勘
廿九艳　三十陷

入声

　　一屋　　二沃　　三觉　　四质
　　五物　　六月　　七曷　　八黠
　　九屑　　十药　　十一陌　十二锡
　　十三职　十四缉　十五合　十六叶
　　十七洽

近体诗用韵，都依照平水韵，而且限用平声韵。近体诗的用韵是很严格的，每一首诗的韵脚都必须是"平水韵"中同一韵里的字，否则就叫"出韵"。例如：

王昌龄《从军行》

秦时明月汉时关，万里长征人未还。
但使龙城飞将在，不教胡马度阴山。

（十五删）

在106韵中，有的韵包含字数很多，如平声的东、支、虞、真、先、阳、庚、尤等韵，这称为宽韵；有的韵包含字数较多，如平声的冬、鱼、齐、灰、元、寒、萧、豪、歌、麻、侵等韵，称为中韵；有的韵包含字数较少，如平声的微、文、删、青、蒸、覃、盐等韵，称为窄韵；还有的韵包含字数极少，如平声的江、佳、肴、咸等韵，称为险韵。作诗，在宽韵中选择韵脚字，余地大；在窄韵、险韵中选择，余地小。但有的诗人喜欢用窄韵、险韵，以造成奇特的效果。

古体诗用韵较宽，可以用平水韵，也可以以邻韵合用；可以用平声韵，也可以用上去声韵（上去声可以通押），也可以用入声韵。例如：

白居易《卖炭翁》

卖炭翁，伐薪烧炭南山中。
满面尘灰烟火色，两鬓苍苍十指黑。
卖炭得钱何所营？身上衣裳口中食。
可怜身上衣正单，心忧炭贱愿天寒。
夜来城外一尺雪，晓驾炭车辗冰辙。
牛困人饥日已高，市南门外泥中歇。
两骑翩翩来是谁？黄衣使者白衫儿。
手把文书口称敕，回车叱牛牵向北。
一车炭，千余斤，宫使驱将惜不得。
半匹红绡一丈绫，系向牛头充炭值。

这首诗换了五次韵。一、二句属上平一东韵；三、四、六句属入声十三职韵；七、八句属上平十四寒韵；九、十句属入声九屑韵；十二句属入声六月韵；十三、十四句属上平四支韵；十五、十六、十八、二十属入声十三职韵。同时，平声韵和入声韵交替出现。

三、平仄

近体诗最重要的特征就是讲究平仄。好的诗歌,读起来总是朗朗上口,抑扬起伏,协调有序。其节奏和旋律,给人以音乐美的感受。这除了押韵的缘故外,更是因为字声的调配,即平仄。下面就讲一下诗歌的平仄格式。

(一)声调和平仄

古代汉语中有四个声调:平声、上声、去声、入声。这和现代普通话的四声不完全一样。古代的平声,相当于现代的阴平和阳平;古代的上声和去声,仍相当于现代的上声和去声;而古代的入声,在现代普通话中却消失了,入声字已分别归入阴平、阳平、上声、去声中。古代诗人把汉字的四声特点,有意识地运用到诗词的创作上,按照字声的高低长短协调搭配,形成了诗词的平仄规律。"平"指的是平声,"仄"指的是上声、去声、入声。因而,调配平仄,是诗词格律的一个重要内容。

现在北方和西南地区的人讲究平仄遇到很大困难,就是因为无法辨别入声字。为便于查检,现将入声字按普通话的阴平、阳平、上声、去声的次序排列如下。同声调的字按声母的次序排列。有些字加小注,"~"符号,表示省略。

①普通话今读阴平字

b　八捌钵拔剥逼鳖憋擘 ~ 开

p　泼劈撇瞥扑仆拍霹泊湖 ~

白化文文集

m 摸抹~桌子

f 发~生

d 答~理 褡滴跌督掇裰咄

t 塌踏~实 剔踢帖贴怙秃托脱突

n 捏

l 拉勒~住

c 擦撮~

s 撒~手 缩塞堵~

zh 隻汁织扎~营 桌卓倬捉涿拙摘粥

ch 吃插出戳拆~开

sh 虱湿失杀刷说叔淑菽

j 激迹击墼积绩勣缉屐夹~攻 揭结~实 接噘撅挶锅掬鞠

q 七柒漆戚沏掐切曲~线 屈缺麯

x 吸翕歙悉蟋窸析息熄惜昔夕汐锡晰淅 蜥 膝瞎歇楔 蠍戌薛削

g 搁~下 疙胳割鸽刮聒郭

k 瞌搕磕哭窟

h 喝~水 忽惚唿豁劐黑

e、y、w 一壹揖押鸭噎掖屋挖曰约压

②普通话今读阳平字

b 拔跋钹魃白舶帛伯泊停~ 箔勃渤脖鹁博薄厚~ 礴搏膊驳别蹩醭

p 璞僕仆~人 濮

m 膜没~有

258

f   乏伐筏阀垡罚佛弗拂怫绋苻伏茯袱服～从 菔钹绂福
    幅蝠辐

d   答问～瘩沓达鞑妲靼怛得德笛迪狄荻敌嫡镝觌翟涤籴
    的～确 碟蝶喋堞牒迭叠独读 犊 犊渎毒夺铎踱度忖～

z   杂砸则择泽责啧帻赜贼足卒族镞咋

s   俗

zh 直值植殖积执侄职扎挣～ 剳铡闸宅折辙摺哲轵谪
    蛰蜇竹竺烛躅逐轴妯酌浊镯琢啄濯擢苎斫斲

ch 察

sh 十什拾石食蚀实识舌折弄～ 孰熟秫赎芍

j   及级汲岌笈亟极殛吉急即脊～ 梁瘠疾嫉蒺集籍藉狼～
    辑楫戢棘夹～衣 荚郏颊洁絜结～局 拮诘劼颉劫桀
    傑杰羯碣竭偈节栉捷婕睫截局跼菊橘决抉诀玦倔～强
    掘崛桷厥蕨蹶一～不振 獗橛谲觉爵嚼绝矍攫躩钁

x   席媳习袭檄侠狭峡狎辖黠协勰胁颉撷穴学

g   格阁骼革隔膈国帼虢骨～头

k   咳壳

h   合盒曷盍阖劾核阂貉涸翮斛縠滑猾活

e   额

③普通话今读上声字

b   笔卜百佰柏北

p   癖撇匹朴～素 璞

m   抹～药

f   发理～法

d 笃

t 塔獭铁帖柬~庹

s 撒~种 靸索

zh 嘱瞩眨窄

ch 尺

sh 蜀属

r 辱

j 戟给脊屋~甲岬胛蹶

q 乞曲歌~

x 雪血宿

g 骨~骼鹘谷毂穀鹄汩葛姓~

k 渴

e 恶~心

④普通话今读去声字

b 必毖辟薜~荔 壁璧毕跸哔筚弼碧滗觱~扭 不薄~荷

p 迫粕珀魄僻闢瀑曝

m 末抹~石灰 沫茉秣莫寞漠默墨麦没~落 脉殁陌泌
  秘蜜密谧觅幂汨灭蔑木沐霂幕目苜牧睦穆

f 复復腹覆蝮服吃~药缚

d 度踱的目~

t 踏~步搨榻逷挞特惕倜拓萚

n 纳衲讷呐匿暱溺逆涅陧聂蹑颞镊臬 孽蘖 齧诺搦虐疟

l 辣瘌蜡腊镴肋仂勒~令 乐快~力立粒笠栗慄溧历枥沥
  疠疬栎砾郦列冽烈裂猎躐鬣劣鹿漉簏辘隶绿录禄碌録

逯戮陆六洛雒络落酪烙骆珞律率略掠

z 仄作柞酢凿

c 侧测恻厕策册猝促蹴簇蹙蹴

s 飒萨瑟塞啬穑涩色肃鹔速觫籔宿粟谡夙

zh 窒桎铚蛭郅秩轶陟炙质铡浙祝

ch 斥赤彻撤澈畜～生 搐觸怵黜绌矗绰辍龊

sh 式拭轼室释适饰煞歃霎设慑摄涉述术沐束妁朔蒴槊烁铄硕蟀

r 日热肉褥入若箬弱

j 鲫稷剧倔～脾气 寂

q 迄讫泣恰洽怯契愜箧切～记 窃妾却确推榷壳悫阙阕鹊雀

x 隙吓～人 绁泄燮褻屑恤邮畜～牧 蓄勖旭续穴血

g 各

k 克剋客恪磕榼酷礐阔括扩廓

h 赫郝喝～彩 鹤褐笏或惑获蠖镬霍藿壑

e、y、w 恶善～萼愕鄂鳄噩厄扼轭遏弋亦奕易邑浥轶役疫亿忆臆绎译驿益镒翼翊熠佾逸屹抑腋液握叶页业邺谒烨兀杌勿物沃襪握幄玉钰域蜮浴欲慾峪毓育郁煜狱月刖悦阅钺樾乐音～药耀跃粤岳嶽鬱钥

（二）近体诗的平仄

近体诗的平仄看起来似乎很复杂，但是基本要求只有一点，平仄相间。五言律诗共有四个句式：

（甲）仄仄平平仄 （乙）平平仄仄平

（丙）平平平仄仄 （丁）仄仄仄平平

这四种句式可以说是近体诗的四种基本句式。七言近体诗则在前面加上相反的平仄：

（甲）平平仄仄平平仄　（乙）仄仄平平仄仄平

（丙）仄仄平平平仄仄　（丁）平平仄仄仄平平

这四种基本句式的交错，构成不同格式的律诗，可以用五言律诗首句的不同格式来说明：

1. 仄起仄收式（七言为平起仄收式）

（甲）平平仄仄平平仄　（乙）仄仄平平仄仄平

（丙）仄仄平平平仄仄　（丁）平平仄仄仄平平

（甲）平平仄仄平平仄　（乙）仄仄平平仄仄平

（丙）仄仄平平平仄仄　（丁）平平仄仄仄平平

杜甫《旅夜书怀》

细草微风岸，危樯独夜舟。

星垂平野阔，月涌大江流。

名岂文章著？官应老病休。

飘飘何所似，天地一沙鸥。①

2. 平起仄收式（七言为仄起仄收式）

（丙）仄仄平平平仄仄　（丁）平平仄仄仄平平

（甲）平平仄仄平平仄　（乙）仄仄平平仄仄平

---

① 字下面加"·"表示入声。

262

（丙）仄仄平平平仄仄　（丁）平平仄仄仄平平
（甲）平平仄仄平平仄　（乙）仄仄平平仄仄平

王维《山居秋暝》

空山新雨后，天气晚来秋。
　　　　　　　　　　△
明月松间照，清泉石上流。
 ·　　　　　　　　　△
竹喧归浣女，莲动下渔舟。
　　　　　　　　　　△
随意春芳歇，王孙自可留。
　　　 ·　　　　　　△

3. 仄起平收式（七言为平起平收式）
（丁）平平仄仄仄平平　（乙）仄仄平平仄仄平
（丙）仄仄平平平仄仄　（丁）平平仄仄仄平平
（甲）平平仄仄平平仄　（乙）仄仄平平仄仄平
（丙）仄仄平平平仄仄　（丁）平平仄仄仄平平

王维《终南山》

太乙近天都，连山到海隅。
　　　△　　　　　　△
白云回望合，青霭入看无。
 ·　　　　　　　　　△

分野中峰变，阴晴众壑殊。
　　　　　　　　　 △
欲投人处宿，隔水问樵夫。
 ·　　　　　　　　　△

263

4. 平起平收式（七言为仄起平收式）

（乙）仄仄平平仄仄平　（丁）平平仄仄仄平平

（甲）平平仄仄平平仄　（乙）仄仄平平仄仄平

（丙）仄仄平平平仄仄　（丁）平平仄仄仄平平

（甲）平平仄仄平平仄　（乙）仄仄平平仄仄平

李商隐《晚晴》

深居俯夹城，春去夏犹清。

天意怜幽草，人间重晚晴。

并添高阁迥，微注小窗明。

越鸟巢干后，归飞体更轻。

五言绝句是五言律诗的一半，所以也有四种平仄格式：

1. 仄起仄收式（七言为平起仄收式）

平平仄仄平平仄，仄仄平平仄仄平。

仄仄平平平仄仄，平平仄仄仄平平。

王维《相思》

红豆生南国，春来发几枝？

愿君多采撷，此物最相思。

2. 仄起平收式（七言为平起平收式）

平平仄仄仄平平，仄仄平平仄仄平。
仄仄平平平仄仄，平平仄仄仄平平。

王安石《梅花》

墙角数枝梅，凌寒独自开。
遥知不是雪，唯有暗香来。

3. 平起仄收式（七言为仄起仄收式）

仄仄平平平仄仄，　平平仄仄仄平平。
平平仄仄平平仄，　仄仄平平仄仄平。

李贺《莫种树》

园中莫种树，种树四时愁。
独睡南床月，今秋似去秋。

4. 平起平收式（七言为仄起平收式）

仄仄平平仄仄平，平平仄仄仄平平。
平平仄仄平平仄，仄仄平平仄仄平。

王涯《闺人赠远》

花明绮阳春，柳拂御沟新。
为报辽阳客，流光不待人。

律诗八句，分为四联。第一联叫首联，第二联叫颔联，第三联叫颈联，第四联叫尾联。每联的上句叫出句，下句叫对句，一联中出句与对句的平仄，是相反的，即仄对平，平对仄，这称为对；反之，若不合乎对的规则，则称为失对。相连两联的平仄关系为，下联出句的平仄与上联对句的平仄必须相同，即平对平，仄对仄，这称为粘；反之若不合粘的规则，则称为失粘。由于还要照顾到律诗偶句押平声韵等特点，在粘或对的时候，必然会出现不符合粘对要求的现象。如在这一平仄格式中，下联出句的第五、第七两个字与上联对句的第五、第七两个字就不可能相同，这种情况是允许的。最重要的是，每句的第二字，必须严守粘对要求。当然，如果是七言，第四字也要粘。绝句是律诗的一半，所以绝句的对和粘也与律诗的对和粘相同。为了便于掌握，现将近体诗调平仄的一般规则，归纳为四条：

①平仄在本句中是交替的。
②平仄在一联中的对句与出句间是相反的。
③平仄在下联出句与上联对句间是相粘的。
④凡偶句最后一字必须是平声。

(三) 拗救

近体诗中有的地方平仄不能随意变更，如违反了平仄格律就叫"拗"。但"拗"了以后可以"救"。拗救一般有三种情况。

第一，本句自救，可以分成两类：

①七律的第五个字拗，第六字救。在"仄仄平平平仄仄"中，第五字该平而用仄，那么。第六字该仄就必须用平给予补救，为"仄仄平平仄平仄"。五律的第三字拗，第四字救。在"平平平仄仄"中，第三字该平而用仄，那么，第四字该仄就必须用平给予补救，变为"平平仄平仄"。这类拗救的句子，七言第三字，五言第一字，必须用平声，不能不论。在习惯上，诗人最喜欢把这类拗句用在第七句。例如：

陆游《夜泊水村》

腰间羽箭久凋零，太息燕然未勒铭。
老子犹堪绝大漠，诸君何至泣新亭？
一身报国有万死，双鬓向人无再青。
记取江湖泊船处，卧闻新雁落寒汀。

②七律的第三字拗，第五字救。在"仄仄平平仄仄平"中，第三字该平而用仄，那么，第五字该仄就必须平，给予补救，变为"仄仄仄平平仄平"。五言的第一字拗，第三字救。在"平平仄仄平"中，第一字该平而用仄，那么，第三

字该仄就必须用平,变为"仄平平仄平"。例如:

李商隐《蝉》

本以高难饱,徒劳恨费声。
五更疏欲断,一树碧无情。
薄宦梗犹泛,故园芜已平。
烦君最相警,我亦举家清。

第二,对句相救,可分为两类:
①七言第三字相救,五言第一字相救。七言第三字或五言第一字上,出句该平而用仄那么,对句就该仄而用平。例如:

李白《秋浦歌》

白发三千丈,缘愁似个长。
不知明镜里,何处得秋霜。

②七言第五字相救,五言第三字相救。七言第五字或五言第三字上,出句该平而用仄,那么,对句就该仄而用平。例如;杜甫《促织》的首联:"促织甚微细,哀音何动人。"
第三,本句自救又对句相救。例如:

苏轼《新城道中》

东风知我欲山行，吹断檐间积雨声。
岭上晴云披絮帽，树头初日挂铜钲。
野桃含笑竹篱短，溪柳自摇沙水清。
西崦人家应最乐，煮芹烧笋饷春耕。

出句的第五字，本该用平声却用了一个仄声"竹"，对句的第三字，本该用平声也用了一个仄声的"自"，两字均拗，为了救之。在对句的第五字上，把本该用仄声的而用了一个平声的"沙"。这样，既救了本句的第三字，又救了出句的第五字，一字两救。

四、对仗

对仗是近体诗的又一特点。所谓对仗，指的是出句和对句的词义成为对偶。用今天的话说，就是名词对名词，形容词对形容词，副词对副词，等等。

律诗一般在中间两联用对仗。如王维的《山居秋暝》。此外，首联（如杜甫《旅夜书怀》）、尾联（如杜甫《闻官军收复河南河北》）也可以对仗。

对仗要求用相同"事类"的词语相对，如天文对天文，地理对地理，动物对动物，人事对人事，器物对器物，等等。而数目对和颜色对是最典型的工整对。

（一）数目对，例如：

城阙辅三秦，风烟望五津。（王勃：《送杜少府之任蜀州》）
烽火连三月，家书抵万金。（杜甫：《春望》）
千寻铁锁沉江底，一片降幡出石头。（刘禹锡：《西塞山怀古》）

（二）颜色对，例如：

绿树村边合，青山郭外斜。（孟浩然：《过故人庄》）
红颜弃轩冕，白首卧松云。（李白：《赠孟浩然》）

另外，近体诗还有两种特有的对仗：借对和流水对。（一）借对。就是利用一字多义的现象构成对仗。诗人在诗中用的是甲义，但借用它的乙义与另一词成为工对。例如：

竹叶于人既无分，菊花从此不须开。（杜甫：《九日》）
少年曾任侠，晚节更为儒。（王维：《崔录事》）

例①的"竹叶"是酒名，借用"竹子的叶"之义，与

"菊花"对。例②的年节的"节"借为节操的"节"。

还有一种借音的借对。例如：

野日荒荒白，春流泯泯清。（杜甫：《漫成》）
翠黛不须留五马，皇恩只许住三年。（白居易：《西湖留别》）

例①借"清"为"青"。例②借"皇"为"黄"。

（二）流水对。就是一联中的两句，字面是对仗的，意思却是相承的。例如：

即从巴峡穿巫峡，便下襄阳向洛阳。（杜甫：《闻官军收河南河北》）
海内存知己，天涯若比邻。（王勃：《送杜少府之任蜀州》）

第二十讲　词　律

一、词的产生和特点

词产生于唐代，最早是民间创作。从敦煌石窟中发现的"敦煌曲子词"，就是唐代的民间创作。中唐时期，有些文人受民间文学的影响，开始写词，如白居易、刘禹锡都写过一些词。晚唐温庭筠是第一个大量写词的作家。唐以后，经过五代，到了宋朝，是词发展的极盛时期。

词的特点是什么呢？从表面上看，诗和词的最大不同是句子的长短问题，诗的句子是长短整齐的，而词的句子是长短不一的。但这不是词最本质的特点。因为诗也有杂言，如李白的《行路难》，有三、四、五、七、八言等。而词也有长短一致的，如《浣溪沙》六句都是七言，《木兰花令》，七言八句，字数很像七律，不同的是它押的是仄声韵。

在隋唐时，由西域传来的音乐和中原地区的音乐相融合，产生一种称为"燕乐"的音乐，词就是为这种音乐而填的歌词。因此，词最早称为"曲子词"，相当于现代的歌词。元稹在《乐府古题序》中说："由乐以定词，非选词以配乐。"

为了避免单调、呆板，不能只用五、七言，就"杂以虚声"，进一步发展为句子长短不一，平仄和韵脚也发生了变化。后来词和音乐逐渐脱离，词也就变成一种特殊形式的诗歌。和诗相比，句子长短不齐，而且在平仄、用韵上也有差别。

二、词调、词牌和词谱

词调是指写词时所依据的乐谱。词牌，如《念奴娇》《西江月》《蝶恋花》等，是各种词调的名称，各种不相同的声调，表达不同的音乐形象。由于乐调早已失传，我们至今已无法确知了。（姜夔有自注工尺谱的十七首词，是保留到今天的唯一的词乐的资料，由于没有标明节拍，所以至今无法复原。）但是，根据某一词牌的平仄、押韵以及这一词牌多数作品所表达的感情，大致还可以推知某些词原来的声情。如《满江红》《贺新郎》《念奴娇》等大致是慷慨激昂的，《木兰花慢》《满庭芳》等大致是和婉豫悦的。宋朝懂音乐的词人所填的词，其感情和这个声调原来的声调相一致。但随着词和音乐的脱离，后来创作的词感情就不一定和词调的声情相一致了。宋代沈括《梦溪笔谈》卷六："哀声（词调的声情）而歌乐词，乐声而哀辞。故语虽切而不能感到人情，由声与意不相谐也。"沈括以后，这种现象就更多了。

有的词牌，原来就是词的题目，如白居易《忆江南》："江南好，风景旧曾谙。日出江花红似火，春来江水绿如蓝。能不忆江南？"写的正是对江南的回忆。后人写的就与之无关了。于是有的作家就在词牌外另加词的题目，如苏轼

《江城子》(密州出猎)。有的词牌下加小序,如辛弃疾《摸鱼儿》下有"淳熙己亥湖北漕移湖南,同官王正之置酒小山亭,为赋"。

词牌既与词的声情无关,所表示的仅仅是词的句式、平仄和用韵了。词牌的名称对某一词牌的字数、平仄、押韵的规定是逐渐形成的。如白居易写《忆江南》时,并没把它作为词牌,更没有规定它的字句、平仄、押韵,后世作为楷模,写的人按它的字句、平仄、押韵来写,这样《忆江南》的字句、平仄、韵律成为一种定规。《忆江南》也就由作品的题目成为词牌。

当各种词牌字句、平仄、韵律大致定型后,有人把它们汇集在一起,编成词谱,便于人们照着填写。比较通行的词谱有清人万树编的《词律》和王奕清等奉康熙之命编的《钦定词谱》。

关于词调和词牌,还要讲三点:

(一)同一个词牌可以有不同的名称,"同调异名"。如《西江月》又名《步虚词》。

同一个名称也可以是不同的词牌,"异调同名"。如《卖花声》既是《浪淘沙》的别名,又是"谢春池"的别名。

(二)同一词牌可以有不同的别体。因为最初词的创作是"由乐以定词"的,为同一乐曲填写的歌词,字句声韵不可能一致。后来模仿一些代表作品的词,由于模仿对象不同,字句也可以有出入,这就形成了同一词牌不同的体,如《六州歌头》。《词律》以南宋程珌的词为正体,一百四十一字，平声韵，一韵到底。次到韩元古的词，称为"又一体"（即别体）一百四十二字，平声韵。但中间换了五次仄韵。张孝祥的词则是作为第二种别体，一百四十三字，平声韵，一韵到底。所以现有词牌八百多个，共有两千多个体。

（三）词有"令""近""引""慢"等名称。如《十六字令》《西江月慢》等。以"令"作词牌名的一般都是小令，用"近""引""慢"作词牌名的一般字数较多。

词又有"偷声""减字""摊破"。有这些字的词牌和它们的"本调"是有关系的。"偷声"和"减字"是比本词减少字句。"摊破"是比本词增加字数。

按字数，词可分为小令、中调、长调。传统说法是：五十八字内为小令，五十八字至九十字为中调，九十一字以上为长调。实际上并不严格。

词又根据分段的不同分为单调、双调、三叠、四叠。不分段的称"单调"，如《忆江南》。分两段的称"双调"，如《西江月》。分三段的叫三叠，如《兰陵王》。分四段的叫四叠，只有《莺啼序》一调。

三、词的用韵

词韵不曾有过正式规定，宋代的作者多半是根据宋代的实际语言用韵。宋元时曾有人把词韵加以归纳，但这些著作都已亡佚。清人编词韵的很多，较通行的是戈载的《词林正韵》。依照《词林正韵》，词韵可以分为十九部。如下：

第一部：平声东冬；上声董肿；去声送宋。

第二部：平声江阳；上声讲养；去声绛漾。

第三部：平声支微齐，又灰半（"回雷"等字）；上声纸尾荠，又贿半（"悔罪"等字）；去声寘未霁，又泰半（"会最"等字），队半（"内佩"等字）。

第四部：平声鱼虞；上声语麌；去声御遇。

第五部：平声佳半（"街钗"等字），灰半（"来台"等字）；上声蟹，又贿半（"海在"等字）；去声泰半（"盖外"等字），卦半（"拜快"等字），队半（"塞代"等字）。

第六部：平声真文，又元半（"魂痕"等字）；上声轸吻，又阮半（"本损"等字）；去声震问，又愿半（"闷困"等字）。

第七部：平声寒删，又元半（"言烦"等字）；上声旱潸铣，又阮半（"远晚"等字）；去声翰谏霰，又愿半（"怨健"等字）。

第八部：平声萧肴豪；上声篠巧皓；去声啸效号。

第九部：平声歌；上声哿；去声个。

第十部：平声麻；上声马；去声祃，又卦半（"话画"等字）。

第十一部：平声庚青蒸；上声梗迥；去声敬径。

第十二部：平声尤；上声有；去声宥。

第十三部：平声侵；上声寝；去声沁。

第十四部：平声覃盐咸；上声感俭赚；去声勘艳陷。

第十五部：入声屋沃。

第十六部：入声觉药。

第十七部：入声质陌锡职缉。

第十八部：入声物月曷黠屑叶。

第十九部：入声合洽。

词的用韵有三种情况：

（一）一韵到底

1.都是平声韵。如，《渔歌子》《浪淘沙》《水调歌头》等。

2.都是上去声韵。如，《渔家傲》《摸鱼儿》等。

3.都是入声韵。如，《念奴娇》《水龙吟》等。

词韵平、上、去虽为一部，但平声和上、去不能通押，只有上声、去声可以通押。用上、去韵的，叫"上去通押"。

（二）同部平仄互押，实际上是同部平声和上去互押，因为词韵中入声与平上去不同部。平仄互押是指同一词中，有的韵脚用平声韵，有的用仄声韵（平仄必须同属一部）。何处用平用仄，是由词谱规定的，不是任意的。

通押和互押性质不同，"通押"是任意的，如《摸鱼儿》上、去通押，何处用上声，何处用去声是任意的。

互押的位置是固定的。如《西江月》规定前后阕的第二句第三句押平韵，第四句押仄（上去）韵。

（三）平仄换韵：通押和互押都在同一韵部之内。

"换韵"则是改换韵部。何处换韵也是固定的。如《菩萨蛮》用韵：两仄韵，换两平韵；两仄韵，又换两平韵。

四、词的平仄

词的平仄和诗有两点不同：

（一）词的平仄比近体诗更严，诗有些地方是可平可仄的，词却规定必平必仄。有时仄声还要分上、去、入。如：

五字句：仄平平仄平（寻妆梳洗迟），就是拗救。
　　　　　△ ※

（△为拗，※为救。）

七字句：平平仄仄平平仄，在近体诗中是"一三五不论"，而在有的词牌中，七个字的平仄必须固定。如《雨霖铃》下阕第一句就是如此。"多情自古伤离别。"

（二）律诗以平仄相间的律句为主，一个句子的节奏点（一般是二、四、六）上总是平仄相间的。而词除了用平仄相间的律句外，也用了相当多的叠平叠仄的拗句。如，平仄平仄、仄平平平仄、平平平仄平仄，仄仄仄仄仄平平等。

五、词的对仗

（一）近体诗的对仗是诗律的要求，而词的对仗是自由的。在词中，相邻的两句如果字数相同，就有可能对仗。如：

苏轼《念奴娇·大江东去》:"乱石穿空。惊涛拍岸。"

岳飞《满江红》:"三十功名尘与土,八千里路云和月。"

同样地位的《念奴娇》《满江红》也可以不用对仗。

上下两阕句式相同,在上下两阕相同的位置上,可以都用对仗。如范仲淹《苏幕遮》,上阕起句"碧云天,黄花地",下阕起句"黯乡魂,追旅思"。也可以上阕用,下阕不用。如周邦彦的《苏幕遮》上阕起句"燎沉香,消溽暑"是用对仗;下阕起句"故乡遥,何日去"则没有对仗。

尽管如此,词的对仗还是有一定习惯的。一般地说,上下阕起首两句,如果字数相同,大多用对仗。如上面举的范仲淹的《苏幕遮》。有的词牌,如《浣溪沙》《西江月》《满江红》等,在一定位置上也以对仗为常。如:

无可奈何花落去,似曾相识燕归来。
（晏殊:《浣溪沙》）（下阕一二句）

（二）诗律的对仗是平仄相对。词的对仗有两种,一种是律诗式对仗（平仄相对）;一种是非律诗式对仗,即平仄不完全相对,或平仄完全相同。

律诗相对,如上举晏殊的《浣溪沙》。

非律诗对仗，如苏轼《水调歌头·明月几时有》"人有悲欢离合，月有阴晴圆缺"，全是"仄仄平平仄仄"。

（三）律诗的对仗避免同字相对，词的对仗不避同字相对。如上举苏轼《水调歌头》，两对句中全用"有"字。

附 录

原书序

　　这是一本简明扼要、深入浅出地介绍古代汉语常识的书。

　　写这样的书是很不容易的。古汉语源远流长，有关资料又浩如烟海，需要从中选取最主要、最有用的知识告诉给读者，特别是一些初学者。古汉语跟现代汉语有很大距离，需要采取通俗易懂、明白晓畅的方式对一些复杂问题进行讲解和分析。看了这部书稿之后，我感到，本书十分成功地达到了上述这些要求。作者运用纯熟的白话文口语阐释古汉语里十分重要而常见的现象，从容不迫，娓娓而谈，使我们于不知不觉之中学到了大量有益的知识。

　　这本书有很多值得赞许的特色。

　　一个特色是能够做到以简驭繁。给初学者讲授古代汉语，最忌繁琐而不得要领。比如虚词，过去不少著作采用的都是条分缕析的办法，一个虚词可以列上一大堆义项，摆出一二十种用法，但就是缺乏一个概括性的说明。其结果不但是头绪纷繁，难学难记，而且往往把一个有统一语法意义的虚词人为地割裂开来了。这不但在方法上不可取，对学习者也是十分不利的。本书作者没有采取这种办法。他们通过对大量语言实例的观察、比较、分析和综合，力求给每个虚词归纳出一个较为贴切的、简明的语法意义。以"也"字为例，尽管它出现于许多语境，可以用于很多句型，使用频率极高，但基本语法意义是表达一种肯定的、确定的语气，表现一种固定的、不变的情况。用这一归纳来检验它在各种句型中的作用，几乎无不十分切合。这样，就从貌似杂乱无章、复杂纷纭的现象中理出了头绪，找到了最主要的、可以概括一切的东西，也就是找到了规律所在。我们觉得，作者这样看待虚词、分析语法现象是很有见地的，我们希望读者也能举一反三，逐步学会这种方法。

本书的另一特色是随处进行扼要的比较。比较是学习语言的最有效的一种方式。书中，作者不仅把古汉语里的某些现象同现代汉语进行比较，也把古汉语里的一些易于混淆的现象进行比较。比如，古汉语代词有很多不同于现代汉语代词的特点，作者分别从八个方面作了对比，并结合翻译指出应该注意的地方。数量表达从古到今经历了不小的变化，书中援引大量例句说明它们与名词组合时的不同以及在词序上、表达方法上的种种差异。判断句作为汉语中一种十分重要的句型，古今也有不少差别，作者从史的角度给我们勾勒了一个发展轮廓，并从结构和语义上对古代判断句的四种基本形式作了比较。此外，讲"矣"字时与"也"字对比，讲"何"的凝固形式时，将"如何""何如""若何""何若""奈何"等加以比较，指出其差别的精微之处，等等。这些比较使读者开阔了眼界，丰富了知识，十分有助于领会书中所讲的内容，效果是非常好的。

实用性强是本书的又一特色。我们知道，学习古汉语光有语法知识是不够的，还要有文字、音韵、文体、修辞等多方面的知识。对初学者说，连学会工具书的用法也必不可少。这些内容，本书也都作了适当安排。更应指出的是，学习古代汉语，实词是极为重要的一环。虚词固然重要，但全句、全段的基本语义还要依靠实词来承担。本书对实词的处理不像一般著作那样，把名词、动词、形容词等一一列述，而是根据理解和掌握的需要，分为古代现代通用的、由古代单音词变来的、古汉语中特有的和古今词义略有差别的四大类。在古汉语中特有的一类里，又从翻译的角度将其中的专门性词语细分为四个小类。这样处理确实使人感到新颖而又切合实用。再如，作者在书中提到，古汉语人称代词后面加"辈""侪""等""属""曹"等时，都是"一班人""一批人"的意思，因而不宜翻译为"们"。上述种种内容，不但为各类考试中的古文今译和应答其他各种考题提供了一条简捷而有效的门径，也反映出作者对古代汉语的深刻而独到的见解。

总之，这是一本颇见功力、写得很好的书，既适合于初学者自学，也可供中学生、大学生阅读和教师们参考。就是一些搞研究工作的人，或许也能从中获取一些有益的启示。

本书作者之一的白化文教授是我五十年代北大时的同窗，相知已近四十年。另一位作者孙欣同志是他的学生，现在北京一高等学校讲授古代文学。承嘱作序，就写了上面这些话。

徐枢
1991年6月于中国社会科学院语言研究所

原书后记

20世纪80年代初,应北京人民广播电台"语文基础知识讲座"之约,写了有关古代汉语的十篇讲稿,并进行过播讲。为播讲的需要,尽量做到通俗化、口语化。当时也曾经印行过,现已绝版十来年,偶有索取者无以应命。因限于播讲次数,这十讲也不能将古代汉语的内容完全概括。衷心每以为憾。侄女孙欣,昔曾从余受业,现供职高校中文系,暇时常来讨论业务。见此残稿而好之,愿为补成全璧。越半载而新稿成。今印本中,第三、十五、十六、十七、十八、十九、二十讲皆由孙欣所作,另外还对旧稿作了增补。视旧稿,约增加一倍有余,面貌一新,即认为孙欣新作亦无不可。本书初稿由陈文良学长通读审订。文良学长具有丰富的汉语教学经验,提出了许多中肯的意见,均已溶化于本书中。说他是本书作者之一,也不为过。今当印行之际,爰弁数语以作说明。

白化文

1991年4月6日,承泽园

《白化文文集》编辑附记

白化文先生各种著述方式的著作，出版的有十几种。此次出版文集，白先生主要选择了其中十一种，按出版年代先后，分别是：《汉化佛教与佛寺》（1989年台湾初版，书名为《佛光的折射》；大陆1989年初版）、《古代汉语常识二十讲》（1991年初版）、《闲谈写对联》（1998年初版，书名为《学习写对联》；2006年再版）、《汉化佛教法器与服饰》（1998年初版，2015年再版）、《承泽副墨》（2002年初版）、《三生石上旧精魂》（2005年初版）、《人海栖迟》（2005年初版）、《汉化佛教三宝物》（2009年初版）、《北大熏习录》（2010年初版）、《退士闲篇》（2011年初版）、《敦煌学与佛教杂稿》（2013年初版）。

此次编辑文集，以原书名为题分集，有的保持原貌，有的进行了一定调整。大体情况如下：

出版较早且风行已久的几种，一仍其旧。如《汉化佛教与佛寺》《汉化佛教法器与服饰》《古代汉语常识二十讲》，完全保持原貌；《闲谈写对联》附录了一篇原在别书的《联语小集》；《三生石上旧精魂》因篇幅关系，调入了其他书中关于佛教的几篇普及性的文字。

另外几种，出于各集均衡以及内容集中的考虑，调整相对较大一些。前者不言自明。后者，诸如——

《敦煌学与佛教杂稿》在诸书中篇幅最大,有一些怀人的文字,也有一些较为通俗的文字。编辑时,主要是集中敦煌学和佛学两方面学术性较强的文字,通俗性文字则予以调整。其中,《什么是变文》一篇则源自白先生与周绍良先生合编的《敦煌变文论文录》(1982年初版)。

《北大熏习录》也是篇幅比较大的,编辑时主要保留与北大相关的文字,其他则适当调出。原来的分辑也做了调整。

《人海栖迟》,内容主要关涉北京(所谓"人海"),故而也调入了一些别书的相关篇章,主要是怀人、记事的,也包括有关北京的书籍的文字。

《承泽副墨》主要收录"阐明或说希望表扬诸位大名家的优秀著作的小文及相关文字","以为传道之助"。编辑仍旧本此宗旨,除调出几篇关于北京的人和事的文章,主要是把别书中寿辞、碑文都集中调整了过来。分辑则是将序言与自序合为一辑,另增一辑"寿辞和碑文"。

《退士闲篇》,因与《三生石上旧精魂》有几篇重复,因而主要是调出;同时调入了一篇适当的通俗文字。

《汉化佛教三宝物》是新世纪结撰的佛教普及读物,由于较早出版且很受欢迎的两种佛教读物内容上有重叠,因此没有作为专集。此书独有的几篇文字,则编入适当的集子;《汉文印本大藏经》一文,也采用了此书经过修订的同题文字。

原著的序言(或者前言等),包括他序与自序,一律保留，并作说明。

原书有的分辑，有的不分；有的则在分辑之下，目录中又以空行标示区划。此次整理，绝大部分保持原样，个别的作了一些整合。

除了篇目调整外，此次编辑，更多的是按出版规范要求进行技术处理，尤其是涉及诸多方面的全书规范的统一；当然，也改正了原书存在的极个别的误植或失误。

白先生的著作，大多有丰富的插图，有的是说明性质的，与内容紧密关联；有的是附件性质的，但却有可贵的资料性和观赏性。此次编辑，尽可能地原图照录，同时删除部分意义不大且清晰度较差的图，也补充了一些切当的新图。

鉴于水平所限，编辑中难免有偏颇或挂漏之处，审校也会存在疏忽不审，敬请专家和读者批评指正。